山下壽文+日野修造+井上善文［著］

新簿記入門ゼミナール

創 成 社

まえがき

　本書は，全国経理教育協会（全経）主催および日本商工会議所（日商）主催の簿記検定試験3級の範囲を網羅しています。ただし，全経と日商の簿記検定試験3級の出題範囲および出題形式は異なります。全経と日商の出題範囲および出題形式の主たる特徴は，次のとおりです。

　小口現金出納帳の作成において，補給を週末に行う方法と週初めに行う方法がありますが，全経では週末に行う方法しか出題されません。また，試算表については，全経が月次試算表，日商が合計残高試算表中心で，出題形式が異なります。決算整理については，全経が日商よりも範囲が狭くなっています。売上原価を売上原価a/cを用いて計算する方法は日商独自のものです。損益の見越・繰延は全経では2級の範囲になります。そのほか，減価償却や有価証券の評価についても全経と日商では範囲が異なります（これらの決算整理の全経と日商の範囲の違いは，本書では第8章が全経の範囲，第9章は日商の範囲と区別して説明しています）。なお，当期純利益などの計算問題は，全経で頻繁に出題されます。伝票については，全経では実際の伝票形式で主題されるのに対し，日商では簡易伝票形式で出題されます。

　以上のような特徴について，本書は，どこまでが全経の範囲でどこまでが日商の範囲であるかは，明示してはいませんが，全経の範囲から日商の範囲へと段階的に説明を行っています。また，独学できるように，図を多く取り入れて説明を丁寧に行っています。説明を読んだ後，設例で理解を深めてください。各章末には練習問題がありますので，その章が理解できたかどうか確認をしてください。本書で学習すれば，全経と日商の簿記検定試験3級の合格は間違いありません。

　なお，本書は，前著『簿記入門ゼミナール』を会計基準の改正および検定試験の新傾向問題を踏まえ内容を一新したものです。そこで，本書を『新簿記入門ゼミナール』としました。本書の刊行に際しては，塚田尚寛社長および廣田喜昭氏に多大なるご尽力をいただきました。記して，感謝の意を表わします。

平成21年2月28日

山下壽文
日野修造
井上善文

目　次

まえがき

第1章　簿記の基礎 ―――――――――――――――――― 1
1．簿記の意義 ……………………………………………………1
2．簿記の目的 ……………………………………………………2
3．簿記の種類 ……………………………………………………2
4．簿記の一巡 ……………………………………………………2
5．取引とその諸要素の結合関係 ………………………………3
6．仕　訳 …………………………………………………………4
7．総勘定元帳（元帳） …………………………………………6
8．試算表 …………………………………………………………8
9．精算表，貸借対照表（B/S）および損益計算書（P/L） ……13
10．帳簿の締め切り ………………………………………………16
練習問題　21

第2章　商品売買の処理および記帳 ―――――――――― 25
1．商品売買取引の処理 …………………………………………25
2．仕入帳への記帳 ………………………………………………27
3．売上帳への記帳 ………………………………………………28
4．商品有高帳への記帳 …………………………………………29
5．仕入先（買掛金）元帳 ………………………………………31
6．得意先（売掛金）元帳 ………………………………………33
練習問題　35

第3章　現金・預金の処理および記帳 ―――――――――― 39
1．現金取引の処理 ………………………………………………39
2．現金出納帳への記帳 …………………………………………40
3．現金過不足の処理 ……………………………………………41
4．当座預金の処理 ………………………………………………42
5．当座預金出納帳への記帳 ……………………………………44
6．当座借越 ………………………………………………………45

 7．小口現金 …………………………………………………46
 8．小口現金出納帳への記帳 ………………………………47
 9．その他の預金 ……………………………………………49
 練習問題　50

第4章　手形の処理および記帳 ── 55
 1．約束手形の処理 …………………………………………55
 2．為替手形 …………………………………………………57
 3．手形の裏書 ………………………………………………59
 4．手形の割引 ………………………………………………60
 5．支払手形記入帳への記帳 ………………………………60
 6．受取手形記入帳 …………………………………………61
 練習問題　63

第5章　有価証券・その他の債権債務取引の処理 ── 66
 1．有価証券の取引 …………………………………………66
 2．その他の債権債務の取引 ………………………………68
 練習問題　73

第6章　固定資産・引出金・税金・その他の収益および費用の処理 ── 76
 1．固定資産の取引 …………………………………………76
 練習問題　84

第7章　試算表の作成 ── 86
 1．月次合計試算表の作成 …………………………………86
 2．合計残高試算表の作成 …………………………………88
 練習問題　91

第8章　精算表，貸借対照表および損益計算書（1）── 96
 1．売上原価の計算 …………………………………………96
 2．貸倒れの見積り …………………………………………99
 3．減価償却費の計上 ………………………………………103

4．引出金の整理 ………………………………………………………105
　5．現金過不足の処理 ……………………………………………………106
　6．精算表（8欄）の作成 ………………………………………………108
　7．P/L および B/S の作成 ……………………………………………110
　8．商品 a/c―分記法と3分法の処理の相違 …………………………111
　9．期首と期末の貸借対照表の比較による純利益の計算 …………113
　10．損益計算書による純利益の計算 ……………………………………114
　練習問題　116

第9章　精算表，貸借対照表および損益計算書（2） —— 121
　1．売上原価の計算 ………………………………………………………121
　2．減価償却費の計上 ……………………………………………………124
　3．売買目的有価証券の評価 ……………………………………………127
　4．消耗品の処理 …………………………………………………………129
　5．損益の見越し・繰延べ ………………………………………………132
　練習問題　144

第10章　伝票会計 —————————————————————— 150
　1．入金伝票 ………………………………………………………………150
　2．出金伝票 ………………………………………………………………151
　3．振替伝票 ………………………………………………………………152
　練習問題　157

索　引　163

巻末：新簿記入門ゼミナール　解答編（抜き取り可）

第1章 簿記の基礎

学習のポイント

第1章の学習内容は，次のとおりです。
・簿記の意義，目的および種類について学習をします。
・簿記の一巡（取引 → 仕訳帳への記帳 → 元帳への転記 → 試算表の作成 → 決算整理 → 精算表の作成 → 貸借対照表（B/S）および損益計算書（P/L）の作成 → 帳簿の締め切り）により，簿記の全体像を学習します。
・一般にいう取引と簿記上の取引の相違を学習します。
・借方・貸方の意味，仕訳の法則，仕訳帳への記帳について学習します。
・仕訳帳から元帳への転記について学習します。
・試算表（6欄）の作成，試算表等式，貸借平均の原理について学習します。
・精算表，B/SおよびP/Lの作成について学習します。ただし，決算整理は第8章・第9章で学習します。
・元帳の締め切り（英米式決算法）を学習します。

1．簿記の意義

簿記は何のためにあるのでしょうか？ 企業は，事務所を構え，従業員を雇い，サービスの提供あるいは商品の売買などの経営活動を通して利益を得ようとします。このような企業の経営活動を記録，計算，分類および集計して，企業が資金をどこから調達し，どのように運用し，そしてどのような成果をあげたかを貨幣額で示すのが簿記です。

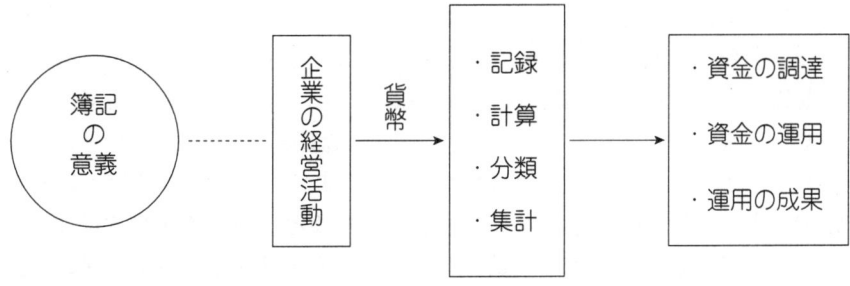

2．簿記の目的

簿記の目的は，日々の取引を歴史的に記録，分類および集計し，企業が資金をどこから調達し，どのように運用したかという**財政状態**を表示するために**貸借対照表**（Balance Sheet：**B/S**），どのような成果をあげたかという**経営成績**を明らかにするために**損益計算書**（Profit and Loss Statement：**P/L**）を作成することにあります。

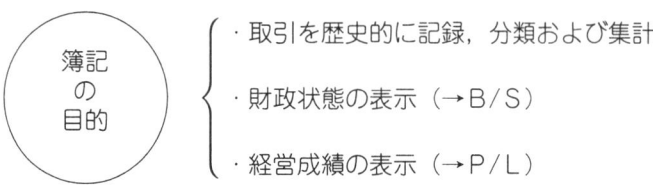

3．簿記の種類

簿記は，適用する企業によって，**商業簿記**，**工業簿記**，**銀行簿記**などに区分され，記録・計算の仕組みによって**単式簿記**と**複式簿記**に分かれます。通常，簿記という場合は，複式簿記をいいます。

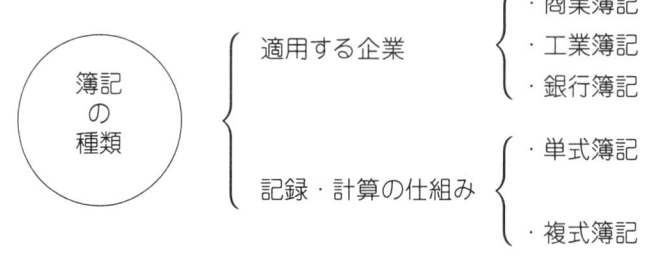

4．簿記の一巡

簿記は，企業の経営活動を記録・分類・集計する技術です。まず，取引を**仕訳帳**の借方と貸方に記録・分類し，**総勘定元帳**（略して**元帳**という）に集計（転記）します。仕訳帳と元帳を**主要簿**といい，現金出納帳などを**補助簿**といいます。また，主要簿と補助簿を帳簿といいます。元帳に集計されたデータは，さらに**試算表**に集計され，仕訳帳の記入と元帳への転記が正しく行われたかどうかが検証されます。これを**決算予備手続き**といいます。仕訳帳の記入と元帳への転記の正しさが検証されると，**決算本手続き**に入ります。そこでは，売上原価の算定，減価償却，貸倒れの見積りなどの内部取引の決算整理（第8章で詳しく学習する）を行い，精算表，B/SおよびP/Lを作成し，帳簿を締め切ることによ

り一会計期間（個人企業の場合，1月1日から12月31日までの1年間）の簿記の一巡は完結し，さらに次の会計期間へと引き継がれるのです。この一巡を図示すると次のとおりです。

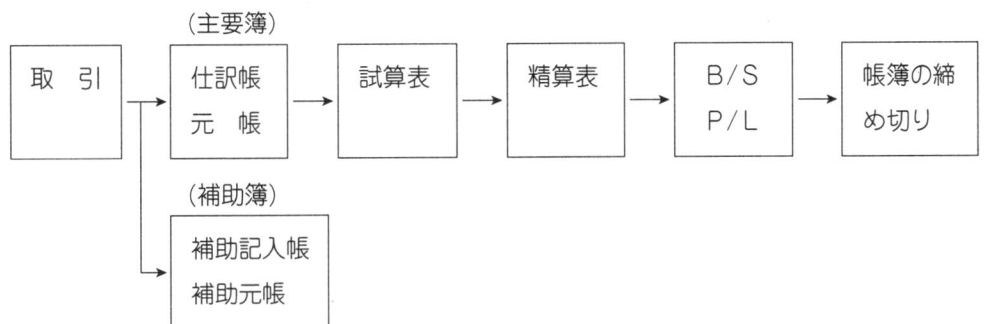

（注）**補助記入帳**には**現金出納帳，当座預金出納帳，小口現金出納帳，売上帳，仕入帳，受取手形記入帳，支払手形記入帳，補助元帳**には**商品有高帳，得意先元帳，仕入先元帳**があります。

　本章では，税理士事務所を取り上げ，その開業から決算までの簿記の一巡を学習し，簿記の全体像を理解します。その際に，補助簿の記入や決算整理は行いません。したがって，精算表は6欄になります。

5．取引とその諸要素の結合関係

　簿記において，取引とは，一般にいう取引とは異なります。つまり，取引の要素である資産，負債および資本の増減をもたらす出来事（経済活動）を取引といいます。したがって，一般には商品の注文，店舗の賃借契約の締結などは取引といいますが，簿記では，資産，負債および資本の増減は生じないので取引とはいいません。これに対して，火事で事務所が焼けたとか金庫から現金が盗まれた場合は，一般には取引といいませんが，資産が減少するので簿記では取引といいます。

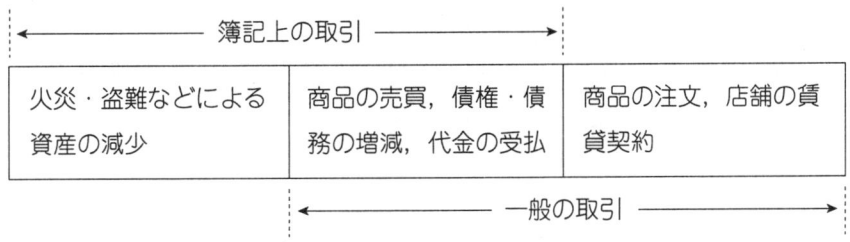

　資産とは，企業が経営活動を行うために有する財貨・用役（サービス）をいい，企業の将来の収益を獲得するために役立ちます。たとえば，現金，当座預金，売掛金，受取手形，有価証券，貸付金，建物，車両運搬具，備品などがあります。また，**負債**とは，将来

一定の金額を他人に支払う債務または将来提供すべき財貨・用役（サービス）をいいます。たとえば，買掛金，借入金，支払手形などがあります。**資本**とは，資産から負債を控除した残額をいいます。たとえば，資本金などがあります。

このほか，取引の要素としてP/Lを構成する収益と費用があります。**収益**とは，企業が商品を販売したり，電力会社が電力を提供したりして，財貨・用役（サービス）を提供することにより受け取る価値をいいます。たとえば，売上，受取報酬（サービス業の売上に相当），受取利息，有価証券売却益などがあります。**費用**とは，収益を得るための財貨・用役（サービス）の価値の犠牲分をいいます。たとえば，仕入（売上原価），給料，営業費，支払利息などがあります。これらの各項目の内容は，一部を除き，第2章以降において詳しく学習します。

取引は，借方要素と貸方要素からなり，ある取引要素が借方に記入されると，必ずほかの取引要素が貸方に記入され，借方金額と貸方金額は互いに一致し，等しくなります。前者を**貸借記入**といい，後者を**平均記入**といいます。そして，すべての取引要素の借方金額の合計額と貸方金額の合計額は，常に等しいという関係が成り立ちます。これを**貸借平均の原理**といいます。

借方とは記入の左側，貸方とは記入の右側をいいます。資産は増加したときには借方，減少したときには貸方，負債は増加したときには貸方，減少した時には借方，資本は増加したときには貸方，減少したときには借方，費用は発生したときには借方（その修正は貸方），収益は発生したときには貸方（その修正は借方）に記入します。この借方要素と貸方要素の組み合わせで取引は処理されます。

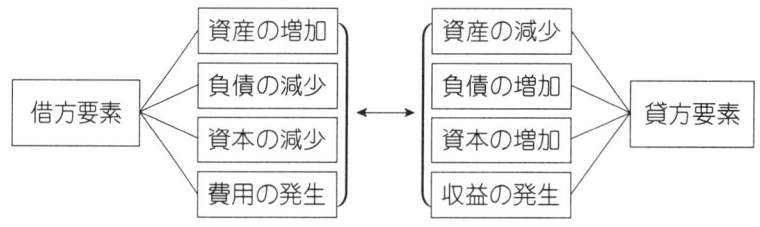

6．仕　訳

6.1　仕訳の法則

取引は，仕訳帳に記帳されかつ元帳に転記されますが，**仕訳の法則**を示すと，資産は借

方・増加，貸方・減少，負債と資本は借方・減少，貸方・増加，収益は貸方・発生，費用は借方・発生となります。この場合，**勘定科目**を用いて借方および貸方に振り分けます。

	借 方	貸 方
資　　産	＋	－
負　　債	－	＋
資　　本	－	＋
収　　益	（－）	＋
費　　用	＋	（－）

　（－）は，修正を表します。なお，資本は株式会社会計では，「**純資産**」といいます。本書は，個人企業が対象なので，従来どおり「資本」を用います。

　たとえば，「現金￥500,000を出資して税理士事務所を開業した」という取引は，次のように仕訳をします。これは，借方要素 → 現金という資産の増加，貸方要素 → 資本金という資本の増加という組み合わせになり，「借方：現金500,000円，貸方：資本金500,000円」といいます。

　　　（借）現　　　　　金　500,000　（貸）資　　本　　金　500,000

6.2　仕訳帳への記帳

　取引は，仕訳の法則に基づき仕訳帳に記帳を行います。その仕訳帳には，**標準式**と**残高式**がありますが，一般には残高式が用いられます。
　残高式による記帳方法は，次のとおりです。
（1）　日付欄に取引発生日を記入します。
（2）　摘要欄に勘定科目を記入します。借方科目は左側，貸方科目は右側です。勘定科目には（　）をつけます。借方科目あるいは貸方科目が複数の場合は，**諸口**を当該勘定科目の上に記入します。仕訳の後には，当該取引の簡単な説明（**小書き**）を記入します。なお，小書きは省略することが多いようです。
（3）　元帳欄には**各勘定口座**の番号を記入します。
（4）　1取引の仕訳は，2頁にわたってはいけません。
（5）　借方・貸方に金額を記入します。
（6）　仕訳あるいは小書きを記入した後，摘要欄に単線（赤）を引きます。
　たとえば，次の取引を仕訳帳に記入すると次のようになります。

設例1

12月1日　現金¥500,000を出資して営業を開始した。
　　2日　切手（¥80）50枚とバス回数券¥3,000を現金で購入した。

正解

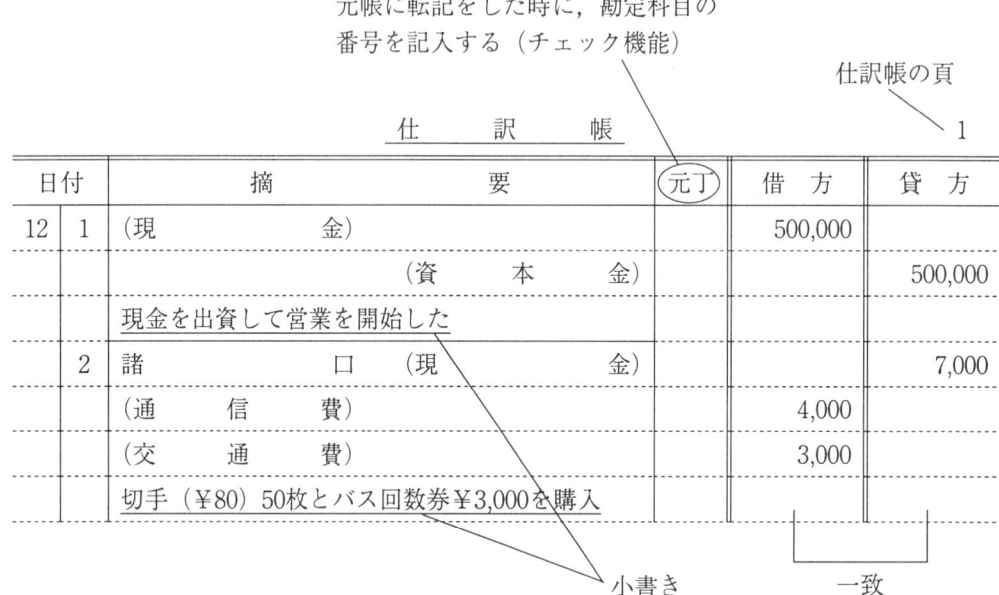

参考のため，4月1日の取引を標準式で記入すると次のようになります。

仕　訳　帳　　　　　　　　　　1

借　方	元丁	摘　　　　　要	元丁	貸　方
500,000		（現　　金）（資　本　金）		500,000
		現金を出資して営業を開始した。		
		────── 12月1日 ──────		

7．総勘定元帳（元帳）

7.1　元帳記入の法則

取引は，仕訳帳に記帳されかつ総勘定元帳に転記されますが，その場合，資産は借方・増加，貸方・減少，負債と資本は借方・減少，貸方・増加，収益は貸方・発生，費用は借方・発生となります。これを**元帳記入の法則**といい，次のようになります。

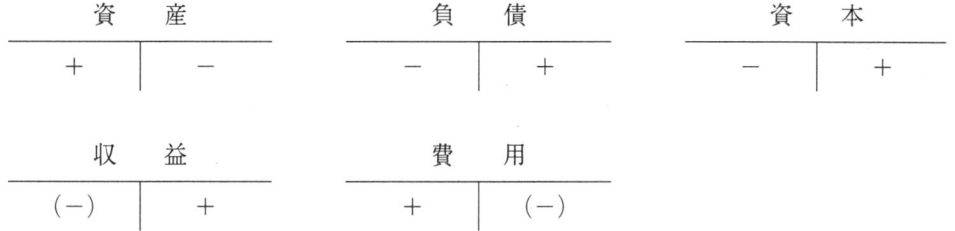

7.2 仕訳帳から元帳への転記

元帳は，元帳記入の法則に基づき**勘定口座**ごとに集計を行います。元帳には，標準式と残高式があります。標準式による勘定口座の記入は，次のとおりです。

（1） 日付欄には，取引の発生日を記入します。

（2） 摘要欄には，勘定口座の勘定科目の相手科目を記入します。標準式は，相手科目が借方であれば摘要欄の左側へ，貸方であれば右側へ記入します。残高式であれば，相手科目はすべて摘要欄へ記入します。

（3） 仕丁欄には，転記した仕訳帳の頁を記入します。

（4） 借方欄および貸方欄は，金額を記入します。この場合，残高式では残高が借・貸のいずれかを明らかにします。T字型では，日付，相手勘定科目，金額だけを記入します。

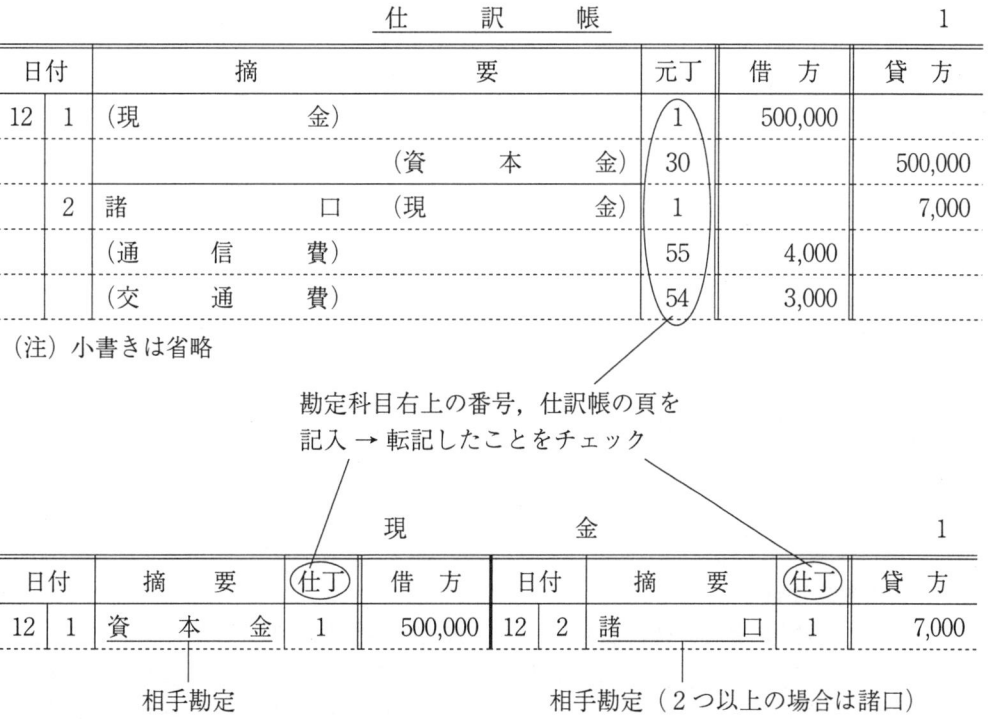

		資	本	金			30
日付	摘要	仕丁	借 方	日付	摘要	仕丁	貸 方
				12 1	現 金	1	500,000

		交	通	費			54
日付	摘要	仕丁	借 方	日付	摘要	仕丁	貸 方
12 2	現 金	1	3,000				

		通	信	費			55
日付	摘要	仕丁	借 方	日付	摘要	仕丁	貸 方
12 2	現 金	1	4,000				

現金の勘定口座を残高式およびT字型で記入すると，次のようになります。

残高式

		現	金			1
日付	摘要	仕丁	借 方	貸 方	借／貸	残 高
12 1	資 本 金	1	500,000		借	500,000
2	諸 口	1		7,000	〃	493,000

T字型

	現	金		1
12／1 資 本 金	500,000	12／2 諸 口	7,000

本書では，説明にT字型を用います。

8．試算表

8.1 試算表の種類

　試算表には，**合計試算表**，**残高試算表**および**合計残高試算表**の3種類があります。合計試算表は，総勘定元帳の資産，負債，資本，収益および費用の各勘定の借方合計と貸方合計を各勘定科目ごとに表示します。したがって，仕訳帳の借方合計，総勘定元帳の資産，負債，資本，収益および費用の各勘定の借方合計および合計試算表の借方合計，仕訳帳の

貸方合計，総勘定元帳の資産，負債，資本，収益および費用の各勘定の貸方合計および合計試算表の貸方合計は必ず一致します。残高試算表は，総勘定元帳の資産，負債，資本，収益および費用勘定の残高を各勘定科目ごとに表示します。この場合，残高試算表の借方合計と貸方合計は一致します。

8.2 試算表の役割

　試算表は，仕訳帳への記帳，仕訳帳から元帳への転記が正しく行われたかどうかを検証するために作成されます。その検証は，合計試算表の借方合計と貸方合計が仕訳帳の借方合計，総勘定元帳の各勘定の借方合計，仕訳帳の貸方合計，総勘定元帳の各勘定の貸方合計と一致するか，残高試算表の借方合計と貸方合計は一致するかどうかにより行われます。

　試算表においては，正しく複式記入によって処理がなされている限り，貸借平均の原理によって，借方合計と貸方合計は一致するようになっています。これを**複式簿記の自動検証能力**といいます。

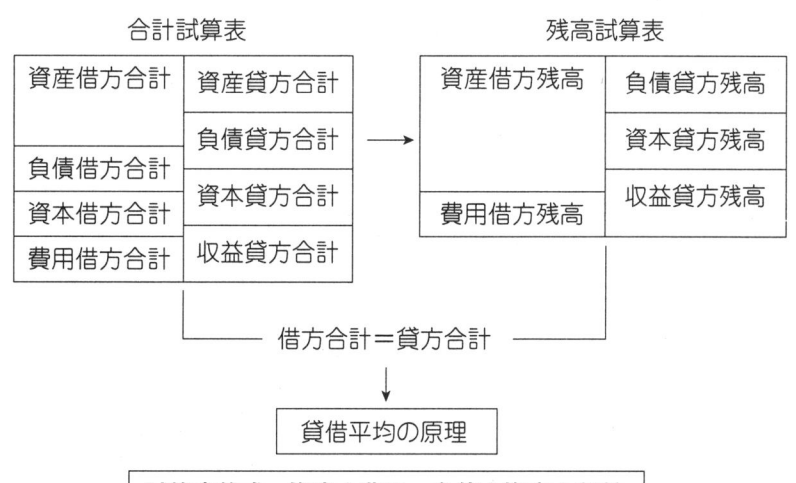

　借方金額と貸方金額が一致しても，仕訳帳への記帳，仕訳帳から元帳への転記が正しく行われたかどうかを検証することができない場合があります。

（1）合計試算表・残高試算表で発見できない誤り
　　・仕訳帳に誤った取引金額で仕訳し，そのまま元帳に転記したとき，合計試算表も残高試算表も，貸借合計が一致するので発見できません。
　　・転記の際に，借方または貸方の同一の側で勘定科目を間違えたとき，合計額にも平均にも影響がないので発見できません。

（2）合計試算表では発見できるが，残高試算表では発見できない誤り
　　・転記の際の借方金額の誤りと貸方金額の誤りが偶然同額になったとき。
　　・一組の仕訳を二重転記または転記脱落したとき。

合計試算表では総合計が仕訳帳の合計額と一致しないから誤りが発見できますが，残高試算表ではこのチェックが行われないので発見できません。

さて，税理士の資格を得た佐賀太郎さんが12月1日に待望の事務所を開設し，12月31日の決算日までの1ヶ月間に次のような取引を行った場合の仕訳，元帳への転記，さらに合計残高試算表の作成までの簿記の流れを示すと，次のようになります。

設 例 2

12月1日　佐賀太郎は，現金￥500,000を出資して，税理士事務所を開業した。
　　2日　80円切手50枚とバス回数券￥3,000を現金で購入した。
　　4日　伝票などの事務用品￥20,000を現金で購入した。
　　6日　お客さんに出すお茶￥3,000を現金で購入した。
　　20日　事務所の家賃￥80,000を現金で支払った。
　　25日　パートで雇った事務員の給料￥120,000を現金で支払った。
　　28日　4軒の顧問先より報酬合計￥400,000を現金で受け取った。

使用する勘定科目

資産：現金 a/c
資本：資本金 a/c
収益：受取報酬（売上）a/c
費用：給料 a/c，支払家賃 a/c，通信費 a/c，交通費 a/c，消耗品費 a/c，雑費 a/c

　なお，勘定（account）は，資産，負債，資本，収益および費用の項目の増減を記録する単位で，略して a/c といいます。本書の説明では，勘定に a/c を用います。

正 解

仕 訳 帳　　　　　1

日付		摘　　　　　要	元丁	借　方	貸　方
12	1	(現　　　　金)	1	500,000	
		(資　本　金)	30		500,000
	2	諸　　口　(現　　　　金)	1		7,000
		(通　信　費)	55	4,000	
		(交　通　費)	54	3,000	
	4	(消　耗　品　費)	53	20,000	
		(現　　　　金)	1		20,000
	6	(雑　　　　費)	56	3,000	
		(現　　　　金)	1		3,000
	20	(支　払　家　賃)	52	80,000	
		(現　　　　金)	1		80,000
	25	(給　　　　料)	51	120,000	
		(現　　　　金)	1		120,000
	28	(現　　　　金)	1	400,000	
		(受　取　報　酬)	40		400,000

(注) 小書きは省略

総 勘 定 元 帳
現　　金　　　　　1

日付	摘　要	仕丁	借　方	日付	摘　要	仕丁	貸　方
12　1	資　本　金	1	500,000	12　2	諸　　口	1	7,000
28	受　取　報　酬	〃	400,000	4	消　耗　品　費	〃	20,000
				6	雑　　費	〃	3,000
				20	支　払　家　賃	〃	80,000
				25	給　　料	〃	120,000

資　本　金　　　　　30

日付	摘　要	仕丁	借　方	日付	摘　要	仕丁	貸　方
				12　1	現　　金	1	500,000

受取報酬　40

日付	摘要	仕丁	借方	日付	摘要	仕丁	貸方
				12 28	現　金	1	400,000

給料　51

日付	摘要	仕丁	借方	日付	摘要	仕丁	貸方
12 25	現　金	1	120,000				

支払家賃　52

日付	摘要	仕丁	借方	日付	摘要	仕丁	貸方
12 20	現　金	1	80,000				

消耗品費　53

日付	摘要	仕丁	借方	日付	摘要	仕丁	貸方
12 4	現　金	1	20,000				

交通費　54

日付	摘要	仕丁	借方	日付	摘要	仕丁	貸方
12 2	現　金	1	3,000				

通信費　55

日付	摘要	仕丁	借方	日付	摘要	仕丁	貸方
12 2	現　金	1	4,000				

雑費　56

日付	摘要	仕丁	借方	日付	摘要	仕丁	貸方
12 6	現　金	1	3,000				

合計残高試算表
平成○年12月31日

借方残高	借方合計	勘定科目	貸方合計	貸方残高
670,000	900,000	現　　　　　金	230,000	
		資　本　金	500,000	500,000
		受　取　報　酬	400,000	400,000
120,000	120,000	給　　　　　料		
80,000	80,000	支　払　家　賃		
20,000	20,000	消　耗　品　費		
3,000	3,000	交　　通　　費		
4,000	4,000	通　　信　　費		
3,000	3,000	雑　　　　　費		
900,000	1,130,000		1,130,000	900,000

使用した費用 a/c の内容は，次のとおりです。

勘定科目	内　　容
給　　　料	従業員に対する給料・賞与の支払額
交　通　費	タクシー代，バス回数券などの購入費用
通　信　費	切手，ハガキ代の郵便料金，電信電話料金
支　払　家　賃	事務所など建物を賃借し，支払った家賃
消　耗　品　費	文房具，掃除用具など消耗品の購入費
雑　　　費	営業に関する少額かつ発生回数の少ない費用

9．精算表，貸借対照表（B/S）および損益計算書（P/L）

9.1　精算表の作成

　精算表には，6欄（桁）精算表や8欄（桁）精算表などがあります。ここでは，決算修正記入がないので6欄（桁）精算表を学習します。

　6欄（桁）精算表は，残高試算表，P/L および B/S から構成されます。残高試算表では，借方に資産に属する勘定科目および費用に属する勘定科目の金額が記入され，貸方には負債に属する勘定科目，資本に属する勘定科目および収益に属する勘定科目の金額が記入され，借方合計金額と貸方合計金額は一致することはすでに述べたとおりです（→ 貸借平均の原理）。次に，収益に属する勘定科目の金額は P/L の貸方，費用に属する勘定科目の金額は P/L の借方に記入されます。収益＞費用の場合，その差額は**当期純利益**となり

ます。逆に，収益＜費用の場合，その差額は**当期純損失**となります。さらに，資産に属する勘定科目の金額はB/Sの借方，負債に属する勘定科目および資本に属する勘定科目の金額はB/Sの貸方に記入します。その際に，当期純利益は資本の増加ですから貸方へ，当期純損失は資本の減少ですから借方に記入します。よって，B/Sの借方合計金額と貸方合計金額は一致することになるのです。

精　算　表

勘定科目	残高試算表 借方	残高試算表 貸方	損益計算書 借方	損益計算書 貸方	貸借対照表 借方	貸借対照表 貸方
資　産						
負　債						
資　本						
収　益						
費　用						
当期純利益						

（注）収益＞費用の場合に当期純利益，収益＜費用の場合に当期純損失が生じます。

9.2　残高試算表とB/SおよびP/Lの関係

精算表における残高試算表とB/SおよびP/Lの関係は，次の図のようになります。残高試算表の資産，負債および資本はB/Sへ，収益および費用はP/Lへ記載され，B/SとP/Lの差額は当期純利益（または当期純損失）となります。

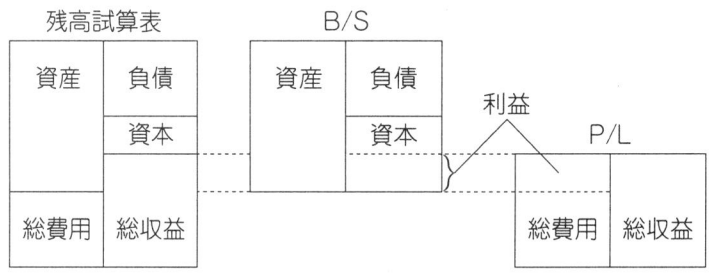

B/Sから次の貸借対照表等式と資本等式が導き出されます。

　　貸借対照表等式　　資産＝負債＋資本

　　資本等式　　　　　資産－負債＝資本

P/Lから次の損益計算書等式が導き出されます。

　　損益計算書等式　　収益＝費用＋当期純利益

9.3 B/S および P/L における利益計算の構造

B/S および P/L における当期純利益の計算構造は，次のとおりです。なお，収益＜費用の場合は，当期純損失が生じます（これらの計算は第 8 章で学習します）。

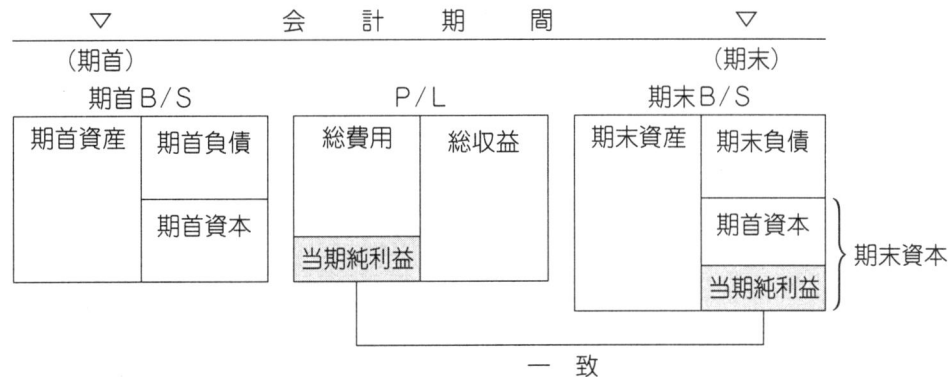

以上により，B/S および P/L において次の等式が成り立ちます。

期末資本－期首資本＝当期純利益

13 頁の合計残高試算表をもとに 6 欄精算表，B/S および P/L を作成すると次のようになります（ゴシックは赤を表す）。

精　算　表

勘定科目	残高試算表 借方	残高試算表 貸方	損益計算書 借方	損益計算書 貸方	貸借対照表 借方	貸借対照表 貸方
現　　　　金	670,000				670,000	
資　本　金		500,000				500,000
受　取　報　酬		400,000		400,000		
給　　　　料	120,000		120,000			
支　払　家　賃	80,000		80,000			
消　耗　品　費	20,000		20,000			
交　通　費	3,000		3,000			
通　信　費	4,000		4,000			
雑　　　　費	3,000		3,000			
当　期　純　利　益			**170,000**			170,000
	900,000	900,000	400,000	400,000	670,000	670,000

損益計算書

費用	金額	収益	金額
給　　　　料	120,000	受　取　報　酬	400,000
支　払　家　賃	80,000		
消　耗　品　費	20,000		
交　　通　　費	3,000		
通　　信　　費	4,000		
雑　　　　費	3,000		
当　期　純　利　益	**170,000**		
	400,000		400,000

貸借対照表

資産	金額	負債および純資産	金額
現　　　　金	670,000	資　　本　　金	500,000
		当　期　純　利　益	170,000
	670,000		670,000

10. 帳簿の締め切り

10.1 費用・収益の諸 a/c の損益（集合）a/c への振り替え

　給料などの費用 a/c は，借方と貸方の金額を一致させて勘定を締め切るために，貸方に借方と同額を記入し，相手 a/c として新たに **損益（集合）** a/c を設け，同額を借方に記入します。これに対し，受取報酬などの収益 a/c は，借方に貸方と同額を記入し，借方と貸方を一致させ，損益 a/c の貸方に同額を記入します。そして，損益 a/c の差額は，借方に生じたときは利益，貸方に生じたときには損失を表し，利益は資本金 a/c の貸方へ振り替えられ（資本の増加），損失は資本金 a/c の借方へ振り替えられます（資本の減少）。

　収益＞費用の場合

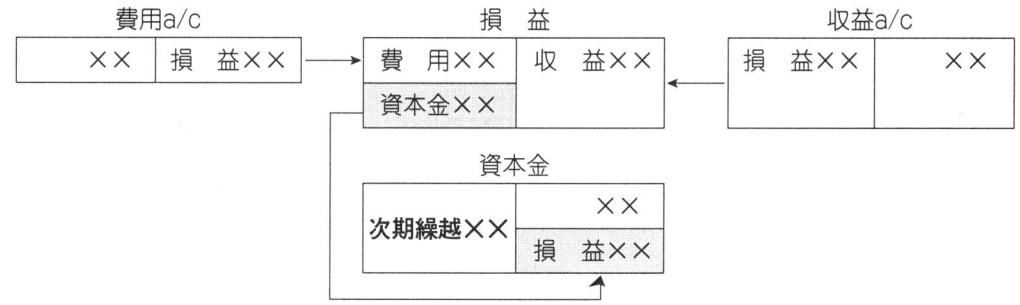

収益＜費用の場合

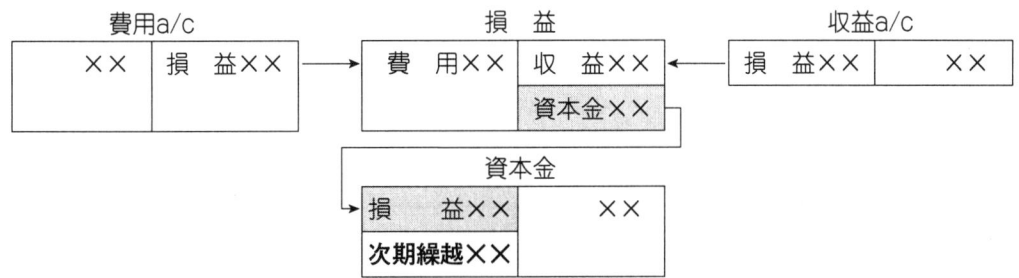

10.2 資産・負債・資本の諸 a/c の締め切り

　資産・負債・資本 a/c の残高は，次期繰越と赤字で繰越記入し，それを決算日の翌日に前期繰越として反対側に記入します。繰越記入が正しく行われたかどうか，繰越試算表を作成し検証します。これを英米式決算法といい，元帳への転記の際に仕訳を行わないところに特徴があります。

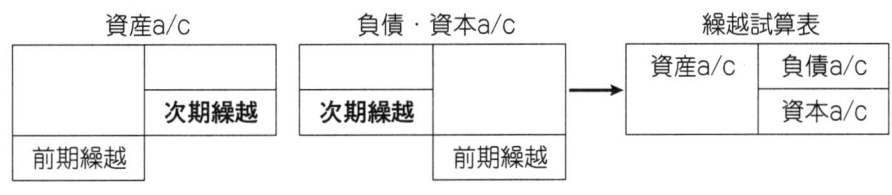

（注）ゴシックは赤字。

　設例2の仕訳帳に決算修正仕訳と締め切りを加え，さらに元帳の締め切り，繰越試算表の作成を行うと，次のとおりです。

仕 訳 帳　　　　　　　　1

日付		摘　要	元丁	借　方	貸　方
～	～	～	～	～	～
				1,130,000	1,130,000
		決 算 修 正 仕 訳			
12	31	（受 取 報 酬）	40	400,000	
		（損　　　益）	60		400,000
		収益勘定を損益勘定へ振り替え			
	〃	諸　　口　　（損　　　益）			230,000
		（給　　料）	51	120,000	
		（支 払 家 賃）	52	80,000	
		（消 耗 品 費）	53	20,000	
		（交　通　費）	54	3,000	
		（通　信　費）	55	4,000	
		（雑　　費）	56	3,000	
		費用勘定を損益勘定へ振り替え			
	〃	（損　　　益）	60	170,000	
		（資　本　金）	30		170,000
		当期純利益を資本金勘定へ振り替え			
				800,000	800,000

（注）借方1,130,000と貸方1,130,000は期中取引（12月中）の合計です。また，その金額は，合計試算表と一致しています。

総 勘 定 元 帳
現　　金　　　　　　　　1

日付	摘　要	仕丁	借　方	日付	摘　要	仕丁	貸　方
12　1	資　本　金	1	500,000	12　2	諸　　口	1	7,000
28	受 取 報 酬	〃	400,000	4	消 耗 品 費	〃	20,000
				6	雑　　費	〃	3,000
				20	支 払 家 賃	〃	80,000
				25	給　　料	〃	120,000
				31	**次 期 繰 越**	✓	**670,000**
			900,000				900,000
1　1	前 期 繰 越	✓	670,000				

資本金　30

日付	摘要	仕丁	借方	日付	摘要	仕丁	貸方
12 31	次 期 繰 越	✓	670,000	12 1	現　　　金	1	500,000
				31	損　　　益	1	170,000
			670,000				670,000
				1 1	前 期 繰 越		670,000

受取報酬　40

日付	摘要	仕丁	借方	日付	摘要	仕丁	貸方
12 31	損　　　益	1	400,000	12 28	現　　　金	1	400,000

給　料　51

日付	摘要	仕丁	借方	日付	摘要	仕丁	貸方
12 25	現　　　金	1	120,000	12 31	損　　　益	1	120,000

支払家賃　52

日付	摘要	仕丁	借方	日付	摘要	仕丁	貸方
12 20	現　　　金	1	80,000	12 31	損　　　益	1	80,000

消耗品費　53

日付	摘要	仕丁	借方	日付	摘要	仕丁	貸方
12 4	現　　　金	1	20,000	12 31	損　　　益	1	20,000

交通費　54

日付	摘要	仕丁	借方	日付	摘要	仕丁	貸方
12 2	現　　　金	1	3,000	12 31	損　　　益	1	3,000

通信費　55

日付	摘要	仕丁	借方	日付	摘要	仕丁	貸方
12 2	現　　　金	1	4,000	12 31	損　　　益	1	4,000

雑費　56

日付	摘要	仕丁	借方	日付	摘要	仕丁	貸方
12 6	現　　　金	1	3,000	12 31	損　　　益	1	3,000

損益　60

日付		摘　　要	仕丁	借　方	日付		摘　　要	仕丁	貸　方
12	31	給　　　料	1	120,000	12	31	受 取 報 酬	1	400,000
	〃	支 払 家 賃	〃	80,000					
	〃	消 耗 品 費	〃	20,000					
	〃	交 　通　 費	〃	3,000					
	〃	通 　信　 費	〃	4,000					
	〃	雑　　　費	〃	3,000					
	〃	資 　本　 金	〃	170,000					
				400,000					400,000

繰越試算表

借方残高	摘　　要	貸方残高
670,000	現　　　　金	
	資 　本　 金	670,000
670,000		670,000

練習問題

問1 次の（　）に適当な用語を下記の語群から選びなさい。

（1）簿記の目的は，日々の取引を歴史的に（　①　），（　②　）および集計し，企業が（　③　）をどこから調達し，どのように運用したかという（　④　）を明らかにするために貸借対照表，どのような成果をあげたかという（　⑤　）を明らかにするために損益計算書を作成することにある。

（2）簿記は，適用する企業によって，（　⑥　），（　⑦　），（　⑧　）などに区分され，記録・計算の仕組みによって（　⑨　）と（　⑩　）に分かれる。

記　　録	経営成績	銀行簿記	財政状態	工業簿記
単式簿記	計　　算	商業簿記	資　　金	複式簿記

問2 次の項目を簿記の流れに従って並び替えなさい。
（1）試算表の作成　（2）営業取引　（3）仕訳帳への記帳　（4）精算表の作成
（5）元帳への転記　（6）繰越試算表　（7）B/S および P/L の作成

問3 次のうち簿記上の取引に○，そうでなければ×をつけなさい。
（1）駐車場を借りる契約を結んだ。
（2）80円切手を100枚現金で購入した。
（3）事務所に泥棒が入り，金庫から10万円が盗まれた。
（4）商品を保管する倉庫が火事で焼失した。

問4 取引の諸要素と結合関係について，（　）に適当な用語を記入しなさい。

（1）資産が増加する場合　　　　　　　（2）資産が減少する場合

資産の増加 ←（　①　）の減少　　　（　②　）の増加
　　　　　　（　③　）の増加　　　（負　債）の減少 → 資産の減少
　　　　　　（資　本）の増加　　　（　④　）の減少

（3）損益の発生に関する場合
（資産）の増加 ―（　⑤　）の発生　　（　⑥　）の発生 ―（資産）の減少

問5 次の勘定口座について，（　）の中に＋または－の記号を，［　］の中に借または貸の文字を記入しなさい。

資産の勘定	負債の勘定	資本の勘定
（　）｜（　）	（　）｜（　）	（　）｜（　）

残高があれば［　］方残高になる。　残高があれば［　］方残高になる。　残高は一般に［　］方残高になる。

```
        収益の勘定                    費用の勘定
    _____|_____      _____|_____
              |  (    )             (    )  |

    残高は [   ] 方残高になる。      残高は [   ] 方残高になる。
```

問6 次の（　）に適当な用語を入れなさい。
（1） 試算表等式　　　　資産＋（　①　）＝負債＋（　②　）＋（　③　）
（2） 貸借対照表等式　　（　④　）＝負債＋（　⑤　）
（3） 損益計算書等式　　（　⑥　）＝（　⑦　）＋当期純利益

問7 次の□□□の中に適当な用語を記入せよ。
（1） 資産に属する勘定および　①　に属する勘定は，その増加額または発生額をそれぞれの勘定の　②　に，負債に属する勘定・資本に属する勘定および　③　に属する勘定はそれぞれの勘定の　④　に記入する。
（2） 元帳記入が正しく行われているかどうかを調べるために，　⑤　を作成する。この表の借方合計金額と貸方合計金額が一致するのは，　⑥　の原理によるものである。

問8 次の複式簿記の基本構造を示す図の〔　〕の中にあてはまる語を，下の語群から選んで書き入れるとともに（　）の金額を求めなさい（同じ語を2回用いることがある）。

```
         残高試算表                                    B/S
    ┌─────────┬─────────┐                    ┌────────┬────────┐
    │ 資　産  │ 〔    〕 │                    │ 〔  〕 │ 〔  〕 │
    │¥422,000 │¥172,000 │                    │ (    ) │ (    ) │
    │         ├─────────┤                    │        │        │
    │         │ 期首資本 │                    │        │ 期首資本│
    │         │¥200,000 │         P/L        │        │¥200,000│
    │         │         │   ┌─────┬─────┐    │        │        │
    │         ├─────────┤   │〔  〕│〔  〕│    │        ├────────┤
    │         │ 〔    〕 │   │(   )│(   )│    │        │ 〔  〕 │
    │         │ ¥896,000│   ├─────┼─────┤    │        │ (    ) │
    │ 〔    〕│         │   │〔  〕│     │    │        │        │
    │ (    ) │         │   │(   )│     │    │        │        │
    └─────────┴─────────┘   └─────┴─────┘    └────────┴────────┘
```

| 資　産 | 負　債 | 資　本 | 収　益 | 費　用 | 純利益 |

問9 次の期末の勘定残高から，精算表，損益計算書および貸借対照表を作成しなさい。

期末の勘定残高（損益勘定から資本金勘定への振り替えはまだ行われていない）

現　　金	¥465,000	資　本　金	¥100,000	受取報酬	¥700,000
給　　料	¥250,000	支払家賃	¥ 50,000	消耗品費	¥ 15,000
交通費	¥ 5,000	通信費	¥ 10,000	雑　　費	¥ 5,000

精　算　表

勘定科目	残高試算表 借方	残高試算表 貸方	損益計算書 借方	損益計算書 貸方	貸借対照表 借方	貸借対照表 貸方
現　　　　金						
資　本　金						
受　取　報　酬						
給　　　料						
支　払　家　賃						
消　耗　品　費						
交　通　費						
通　信　費						
雑　　　費						
(　　　　)						

損　益　計　算　書

費　　用	金　額	収　　益	金　額
給　　料		(　　　　)	
支　払　家　賃			
(　　　)			
交　通　費			
(　　　)			
雑　　費			
(　　　)			

貸　借　対　照　表

資　産	金　額	負債および純資産	金　額
現　　金		資　本　金	
		(　　　　)	

[問10] 問9の決算期末の収益および費用の諸勘定残高を損益勘定へ振り替え，資本金勘定を締め切りなさい（仕訳帳10頁）。

損　益　　　　　　60

日付	摘　要	仕丁	借　方	日付	摘　要	仕丁	貸　方
12 31				12 31	受 取 報 酬		

資　本　金　　　　　　30

日付	摘　要	仕丁	借　方	日付	摘　要	仕丁	貸　方

[問11] 次の取引の仕訳をしなさい。
（1）佐賀商店（個人企業）は，決算にあたり当期純利益￥250,000を計上した。
（2）徳島商店（個人企業）は，決算にあたり当期純損失￥120,000を計上した。

	借方科目	金　額	貸方科目	金　額
（1）				
（2）				

第2章 商品売買の処理および記帳

学習のポイント

第1章では税理士事務所を例に簿記の一巡を説明しましたが，第2章では商品の売買を行う企業の処理について説明します。

第2章で学習する商品の売買についての帳簿記入の流れは，次のとおりです。

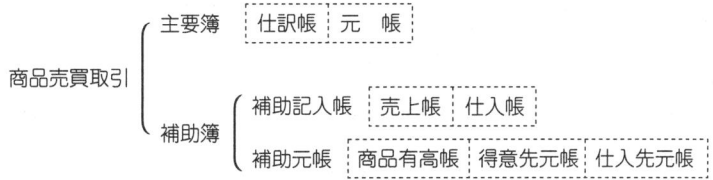

商品売買の取引については，掛取引，値引，返品および引取運賃・発送費の処理を学習します。なお，商品の売買を**仕入**a/c，**売上**a/cおよび**繰越商品**a/c（第8章で取り上げる）の3つのa/cに分けて記録する方法を3分法といい，第2章ではこの方法を学習します。

---

1. 商品売買取引の処理

1.1 掛仕入，返品，値引および引取運賃

代金を後日支払う約束による商品の仕入れを掛仕入れ（掛買い）といい，**買掛金**（かいかけきん）a/c（負債a/c）で処理します。掛仕入れは，仕入a/cの借方（費用の発生），買掛金a/cの貸方（負債の増加）に記入し，後日買掛金を支払った場合には買掛金a/cの借方（負債の減少）に記入します。また，返品や値引をした場合には，買掛金a/cの借方，仕入a/cの貸方に記入します。また，仕入の際の引取運賃は，仕入原価に含めます。

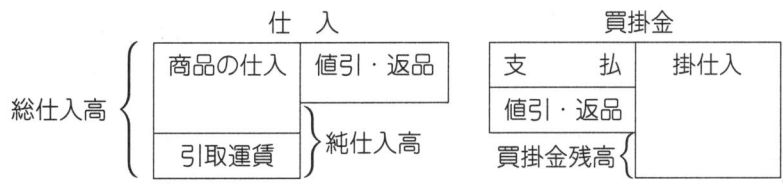

設例1

次の取引の仕訳をしなさい。ただし，商品a/cは3分法によること。

1月5日　A商店から甲商品¥150,000（100個，@¥1,500）および乙商品¥100,000（100個，@¥1,000）を掛で仕入れ，N運輸商会に引取運賃¥10,000を現金で支払った。

　　8日　上記掛仕入れ商品のうち甲商品¥15,000（10個，@¥1,500）を品違いのため返品した。

　　25日　A商店の買掛金の一部¥135,000を現金で支払った。

正解

	借方科目	金　額	貸方科目	金　額
1／5	仕　　　　入	260,000	買　　掛　　金 現　　　　金	250,000 10,000
1／8	買　　掛　　金	15,000	仕　　　　入	15,000
1／25	買　　掛　　金	135,000	現　　　　金	135,000

1.2　掛売上，返品，値引および発送費

　代金を後日受け取る約束による商品の売り上げを掛売りといい，**売掛金**（うりかけきん）a/c（資産a/c）で処理します。掛売りは，売掛金a/cの借方（資産の増加），売上a/cの貸方（収益の発生）に記入します。後日売掛金が回収されれば売掛金の貸方（資産の減少）に記入します。また，返品や値引を受けた場合，売上a/cの借方，売掛金a/cの貸方に記入します。なお，売上げの際の発送費は，当方負担の場合は**発送費**a/c（費用a/c）で処理し，先方負担の場合は売掛金に加算します。

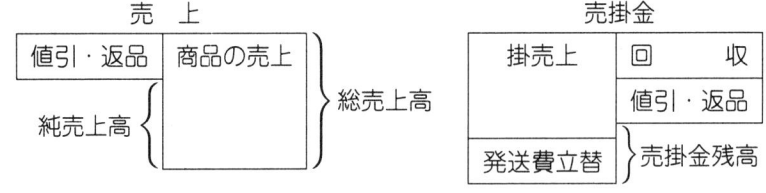

設 例 2

次の取引の仕訳をしなさい。ただし，商品 a/c は 3 分法によること。
1月10日　C商店に甲商品￥200,000（100個，@￥2,000）を掛売りし，N運輸商会に発送費￥10,000を現金で支払った。なお，発送費は当店の負担である。
　12日　上記掛売り商品の一部（10個）に傷があったので1個につき￥500の値引をした。
　20日　C商店の売掛金の一部￥100,000を現金で受け取った。

正 解

	借方科目	金　額	貸方科目	金　額
1/10	売　掛　金 発　送　費	200,000 10,000	売　　　上 現　　　金	200,000 10,000
1/12	売　　　上	5,000	売　掛　金	5,000
1/20	現　　　金	100,000	売　掛　金	100,000

1/10の取引で発送費が先方負担の場合の仕訳は，次のようになります。

	借方科目	金　額	貸方科目	金　額
1/10	売　掛　金	210,000	売　　　上 現　　　金	200,000 10,000

2．仕入帳への記帳

　仕入帳は，商品仕入取引の明細を記録するためのもので，取引の内訳明細（取引先，支払条件，商品名，数量，単価など）が発生順に記帳されます。
　仕入れた商品の種類が複数ある場合には，内訳欄に小計をし，金額欄に合計額を記入します。返品（戻し）および値引がある場合は，赤で記入します。

設 例 3

［設例1］の取引を仕入帳に記帳して，締め切りなさい。

正 解

仕　入　帳

平成○年		摘　　　　要		内　訳	金　額
1	5	A商店	掛		
		甲商品　100個	＠¥1,500	150,000	
		乙商品　100個	＠¥1,000	100,000	
		引取運賃現金支払い		10,000	260,000
	8	**A商店**	**掛返品**		
		甲商品　10個	**＠¥1,500**		**15,000**
	31		総 仕 入 高		260,000
	〃		**値引・戻し高**		**15,000**
			純 仕 入 高		245,000

（注）ゴシックは赤字。

3．売上帳への記帳

売上帳は，商品売上取引の明細を記録するためのもので，取引の内訳明細表（取引先，受取条件，商品名，数量，単価など）が発生順に記帳されます。

売上げた商品の種類が複数ある場合には，内訳欄に小計をし，金額欄に合計額を記入します。返品（戻り）および値引がある場合は，赤で記入します。

設 例 4

［設例2］の取引を売上帳に記帳して，締め切りなさい。

正解

売　　上　　帳

平成○年		摘　　　　　要		内　訳	金　額
1	10	C商店	掛		
		甲商品　　100個　　　　@￥2,000			200,000
	12	**C商店**	**掛値引**		
		甲商品　　10個　　　　@￥500			**5,000**
	31		総　売　上　高		200,000
	〃		**値引・戻り高**		**5,000**
			純　売　上　高		195,000

（注）ゴシックは赤字。

4．商品有高帳への記帳

商品有高帳は，商品の種類別にその受入・引渡および残高について数量・単価・金額を記入します。これは，適切な在庫管理，期末商品の棚卸高の計算に役立ちます。商品の引き渡しの場合の払出単価の計算方法には，個別法，**先入先出法**，**移動平均法**，総平均法などがあります。ここでは，先入先出法と移動平均法を取り上げます。

4.1　先入先出法

先入先出法は，仕入原価の異なる同種の商品を販売した場合に，先に仕入れた商品から先に売上げたと仮定して，売上原価および残高を計算する方法です。

設　例5

［設例1］と［設例2］の商品の売買取引から甲商品の商品有高帳を先入先出法で記入して締め切るとともに，売上高，売上原価および売上総利益を計算しなさい。なお，甲商品の前月繰越は，￥60,000（50個，@￥1,200）とし，1月5日に発生した発送費は考慮外とする。

正解

商品有高帳
甲商品

平成○年		摘　要	受入高			引渡高			残高		
			数量	単価	金額	数量	単価	金額	数量	単価	金額
1	1	前月繰越	50	1,200	60,000				50	1,200	60,000
	5	仕　入	100	1,500	150,000				{ 50	1,200	60,000
									100	1,500	150,000
	8	返　品				10	1,500	15,000	{ 50	1,200	60,000
									90	1,500	135,000
	10	売　上				{ 50	1,200	60,000			
						50	1,500	75,000	40	1,500	60,000
	31	**次月繰越**				**40**	**1,500**	**60,000**			
			150		210,000	150		210,000			
2	1	前月繰越	40	1,500	60,000				40	1,500	60,000

（注1）ゴシックは赤字。
（注2）1月10日の引渡欄の単価を売価の¥2,000としないように注意してください。商品有高帳は，すべて仕入原価で単価を記入します。そうしないと，売上原価や月末の商品残高が計算できません。

売上高	売上原価	売上総利益
¥195,000	¥135,000	¥60,000

［計算式］
売上高は，¥200,000（1／10）から値引高¥5,000（1／12）を差し引いた¥195,000です。
売上原価は，¥60,000と¥75,000（1／10）の合計¥135,000です。
以上により，売上総利益は，¥195,000から¥135,000を差し引いた¥60,000になります。

4.2　移動平均法

移動平均法は，仕入原価の異なる同種の商品を仕入れた場合に，そのつど仕入合計金額を仕入合計数量で除して単価を求め，売上原価および残高を計算する方法です。

設例6

［設例5］を移動平均法法で記入して締め切るとともに，売上高，売上原価および売上総利益を計算しなさい。

正 解

商 品 有 高 帳

平成○年		摘 要	受入高			引渡高			残 高		
			数量	単価	金額	数量	単価	金額	数量	単価	金額
1	1	前月繰越	50	1,200	60,000				50	1,200	60,000
	5	仕　入	100	1,500	150,000				150	1,400	210,000
	8	返　品				10	1,400	14,000	140	1,400	196,000
	10	売　上				100	1,400	140,000	40	1,400	56,000
	31	次月繰越				40	1,400	56,000			
			150		210,000	150		210,000			
2	1	前月繰越	40	1,400	56,000				40	1,400	56,000

売上高	売上原価	売上総利益
¥195,000	¥140,000	¥55,000

[計算式]

売上高は，¥200,000（1／10）から値引高¥5,000を差し引いた¥195,000です。

売上原価は，¥140,000（1／10）です。

以上により，売上総利益は，¥195,000から¥140,000を差し引いた¥55,000になります。

5．仕入先（買掛金）元帳

　仕入先（買掛金）元帳は，仕入先ごとに買掛金の増減を記録することで，仕入先ごとの買掛金の管理を行います。仕入先（買掛金）元帳は，1ヶ月ごとに締め切ります。なお，この場合の買掛金 a/c を**統制** a/c といいます。

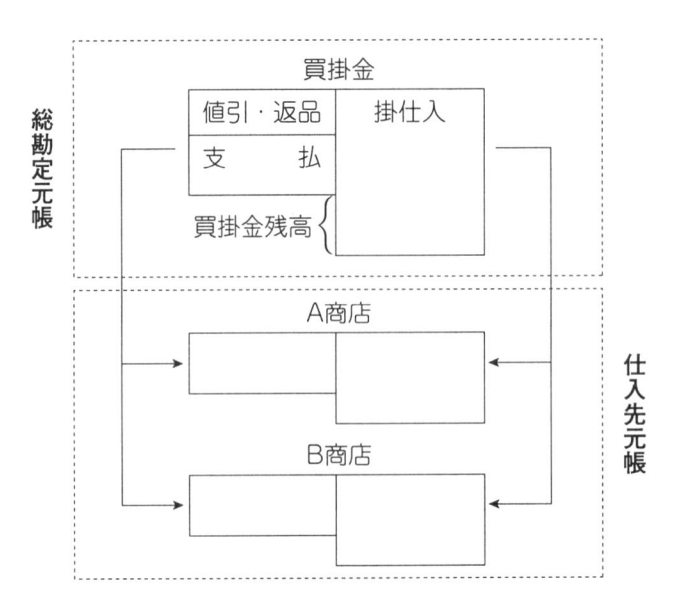

(注) 買掛金残高とA・B商店の残高合計は一致する。

設 例 7

［設例１］の取引を買掛金a/cと仕入先元帳に転記しなさい。

正 解

総 勘 定 元 帳
買 掛 金

| 1/8 | 仕 | 入 | 15,000 | 1/5 | 仕 | 入 | 250,000 |
| 25 | 現 | 金 | 135,000 | | | | |

仕入先（買掛金）元帳
A 商 店

平成○年		摘 要	借 方	貸 方	借／貸	残 高
1	5	仕 入		250,000	貸	250,000
	8	返 品	15,000		〃	235,000
	25	支 払	135,000		〃	100,000
	31	**次 月 繰 越**	**100,000**		〃	
			250,000	250,000		
2	1	前 月 繰 越		100,000	貸	100,000

6．得意先（売掛金）元帳

　得意先（売掛金）元帳は，得意先ごとに売掛金の増減を記録することで，得意先ごとの売掛金の管理を行います。得意先（売掛金）元帳は，1ヶ月ごとに締め切ります。なお，この場合の売掛金 a/c を**統制** a/c といいます。

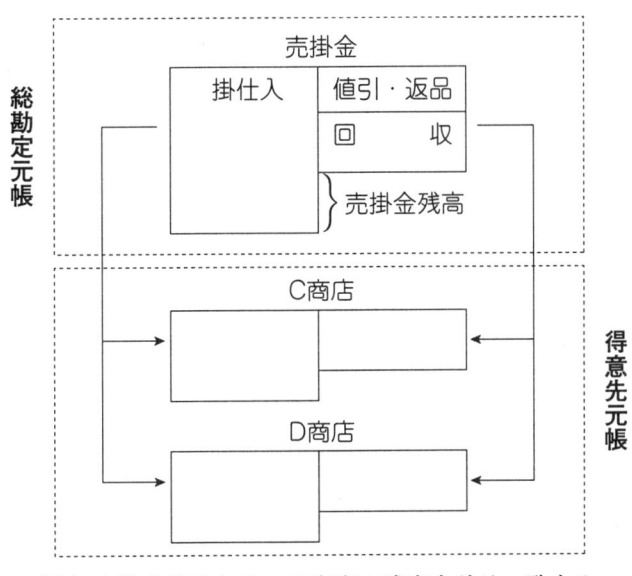

(注)　売掛金残高とC・D商店の残高合計は一致する

設 例 8

　［設例2］の取引を売掛金 a/c と得意先元帳に転記しなさい。

正 解

総 勘 定 元 帳
売　　掛　　金

1/10	売	上	200,000	1/12	売	上	5,000
				20	現	金	100,000

得意先（売掛金）元帳
C 商店

平成〇年		摘　　要	借　方	貸　方	借／貸	残　高
1	10	売　　　　上	200,000		借	200,000
	12	値　　　　引		5,000	〃	195,000
	20	回　　　　収		100,000	〃	95,000
	31	**次　月　繰　越**		**95,000**		
			200,000	200,000		
2	1	前　月　繰　越	95,000		借	95,000

練習問題

問1 次の取引の仕訳をしなさい。
（1） 鹿児島商店から商品￥150,000を仕入れ，代金は掛とした。なお，引取運賃￥10,000（当店負担）を現金で支払った。
（2） 福岡商店へ商品￥250,000を売り渡し，代金は掛とした。なお，発送費￥10,000（福岡商店負担）を現金で立て替えて支払った。
（3） 静岡商店の売掛金￥180,000を回収する際に，￥10,000の返品を受け，残額を現金で受け取った。
（4） 鹿児島商店から仕入れていた商品について，￥30,000の値引を受け，買掛金から差し引くことにした。
（5） 香川商店に商品￥560,000を売り渡し，過日の売掛金￥120,000とともに現金で受け取った。なお，発送費￥50,000（当店負担）を現金で支払った。

	借方科目	金　額	貸方科目	金　額
（1）				
（2）				
（3）				
（4）				
（5）				

問2 次の取引を売掛金勘定，売上帳および得意先（売掛金）元帳に記入しなさい。ただし，各帳簿とも締め切らなくてよい。

10月7日　佐賀商店に次の商品を売り渡し，代金のうち￥300,000は現金で受け取り，残額は掛とした。
　　　　　A品　50個　＠￥6,300　￥315,000
　　　　　B品　80個　＠￥4,200　￥336,000
　　12日　上記A品のうち4個が破損していたので返品された。なお，代金は売掛金から差し引くことにした。
　　16日　玄海商店より売掛金￥800,000を現金にて回収した。

総勘定元帳

売掛金

10/1 前期繰越	8,428,000	

売上帳

平成○年	摘要	内訳	金額
	前ページから		×××

得意先（売掛金）元帳

佐賀商店

平成○年	摘要	借方	貸方	借/貸	残高
10 1	前期繰越	886,000		借	886,000

玄海商店

平成○年	摘要	借方	貸方	借/貸	残高
10 1	前期繰越	1,250,000		借	1,250,000

問3 次の取引を買掛金勘定，仕入帳および仕入先（買掛金）元帳に記入しなさい。ただし，各帳簿とも締め切らなくてよい。

10月2日　唐津商店からB品250個　＠¥1,320と，C品350個　＠¥1,150を仕入れ，代金は掛とした。

12日　上記C品のうち品質不良につき18個を返品した。

16日　佐賀商店の買掛金¥630,000を現金で支払った。

総勘定元帳
買　掛　金

		10／1	前　期　繰　越	1,762,000

仕　入　帳

平成○年	摘　　　要	内　訳	金　額
	前ページから		×××

仕入先（買掛金）元帳
唐　津　商　店

平成○年	摘　要	借方	貸方	借／貸	残　高
10 / 1	前　期　繰　越		386,000	貸	386,000

佐　賀　商　店

平成○年	摘　要	借方	貸方	借／貸	残　高
10 / 1	前　期　繰　越		825,000	貸	825,000

問4 次に掲げる商品（B商品）の仕入れおよび売上げに関する資料を，（イ）先入先出法と（ロ）移動平均法によって商品有高帳に記入するとともに，売上高，売上原価および売上総利益を計算しなさい。

11月3日	仕	入	30ダース	@￥240
	5日	売	上	20ダース	@￥300
	8日	仕	入	10ダース	@￥200
	9日	売	上	20ダース	@￥300

商品有高帳
先入先出法　　　　　　　　　B　商品　　　　　　　　　　　（単位：ダース）

平成○年		摘要	受入高			引渡高			残高		
			数量	単価	金額	数量	単価	金額	数量	単価	金額
11	1	前月繰越	10	200	2,000				10	200	2,000
12	1										

商品有高帳
移動平均法　　　　　　　　　B　商品　　　　　　　　　　　（単位：ダース）

平成○年		摘要	受入高			引渡高			残高		
			数量	単価	金額	数量	単価	金額	数量	単価	金額
11	1	前月繰越	10	200	2,000				10	200	2,000
12	1										

	売上高	売上原価	売上総利益
先入先出法	¥	¥	¥
移動平均法	¥	¥	¥

第3章　現金・預金の処理および記帳

学習のポイント

第1章では簡単な現金取引を説明しましたが，第3章では現金，小口現金，当座預金，普通預金および定期預金の処理について説明します。

第3章で学習する現金・預金についての帳簿記入の流れは，次のとおりです。

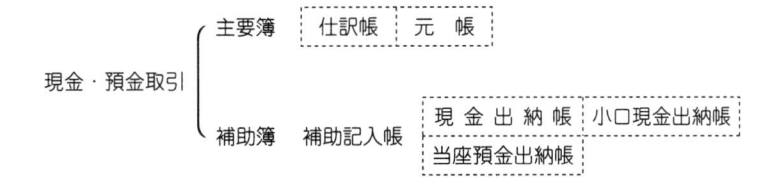

```
                   ┌ 主要簿     仕訳帳  元帳
現金・預金取引 ─────┤
                   └ 補助簿  補助記入帳   現金出納帳  小口現金出納帳
                                        当座預金出納帳
```

現金取引については，現金過不足の処理があります。

1．現金取引の処理

簿記上，現金とされるものには，通貨（紙幣，硬貨）のほかに，いつでも金融機関で換金できる**通貨代用証券**が含められます。この通貨代用証券には，他人振り出しの小切手[注1]，郵便為替証書[注2]などがあります。現金を受け取った場合には，現金a/cの借方に記入し，支払った場合には貸方に記入します。

（注1）　小切手については，「4．当座預金の処理」で学習します。
（注2）　郵便局から所定の用紙に金額および受取人などを記入して送金します。

現　　　　金	
現金の受入	現金の支払

設例1

次の取引の仕訳をしなさい。ただし，商品a/cは3分法によること。

5月3日　A商店より商品￥150,000を仕入れ，現金にて支払った。
　　5日　D商店へ商品￥200,000を売上げ，代金のうち￥100,000を同店振り出しの小切手で受け取り，残額は掛とした。
　　10日　C商店へ商品￥55,000を売上げ，代金は郵便為替証書で受け取った。
　　17日　B商店の買掛金￥200,000を現金にて支払った。
　　26日　D商店からの売掛金￥100,000を現金にて回収した。

正解

	借方科目	金　額	貸方科目	金　額
5／3	仕　　　　入	150,000	現　　　　金	150,000
5／5	現　　　　金 売　掛　金	100,000 100,000	売　　　　上	200,000
5／10	現　　　　金	55,000	売　　　　上	55,000
5／17	買　掛　金	200,000	現　　　　金	200,000
5／26	現　　　　金	100,000	売　掛　金	100,000

2．現金出納帳への記帳

現金出納帳は，現金の収入と支出の明細を記入します。これによって，現金収支の状況が明らかとなり，現金残高が把握できるので，現金管理に役立ちます。

設例2

［設例1］の取引を現金出納帳に記入し，締め切りなさい。なお，現金の前月繰越高は￥300,000である。

正 解

現 金 出 納 帳

平成○年		摘　　　　　要	収　入	支　出	残　高
5	1	前月繰越	300,000		300,000
	3	A商店より商品を現金仕入れ		150,000	150,000
	5	D商店へ商品を売上げ，代金の一部を小切手で受け取る	100,000		250,000
	10	C商店へ商品を売上げ，郵便為替証書を受け取る	55,000		305,000
	17	B商店の買掛金を支払う		200,000	105,000
	26	D商店から売掛金を回収	100,000		205,000
	31	**次月繰越**		**205,000**	
			555,000	555,000	
6	1	前月繰越	205,000		205,000

（注）ゴシックは赤字。

3．現金過不足の処理

　現金取引において，実際の現金有高と帳簿上の残高（現金a/cの残高）が一致しないことがあります。その原因としては，記帳もれや盗難・紛失などが考えられます。この場合，帳簿上の残高を実際の現金有高に一致させ，その差額は一時的に**現金過不足**a/cで処理し，その原因の調査を行います。そして，原因が判明したら該当する勘定科目に振り替え，原因が決算日までに不明の場合には**雑損**a/c（費用a/c）あるいは**雑益**a/c（収益a/c）に振り替えます。

現金帳簿残高＞現金実際有高

現　金

帳簿残高	実際有高
帳簿を－する {	現金不足

現金過不足

現金不足	

現金帳簿残高＜現金実際有高

現　金

帳簿残高	実際有高
現金過剰	} 帳簿に＋する

現金過不足

	現金過剰

設例3

次の取引の仕訳をしなさい。
(1) 現金の実際有高は¥30,000であり、現金a/c（帳簿）残高は¥35,000であった。
(2) 上記不足の原因は、¥4,000が買掛金支払いの記入もれ、残額は不明である。なお、本日は決算日である。

正解

	借方科目	金額	貸方科目	金額
(1)	現金過不足	5,000	現　　　金	5,000
(2)	買　掛　金 雑　　　損	4,000 1,000	現金過不足	5,000

設例4

次の取引の仕訳をしなさい。
(1) 現金の実際有高は¥35,000であり、現金a/c（帳簿）残高は¥30,000であった。
(2) 上記過剰額の原因は、¥4,000が売掛金の回収もれ、残額は不明である。なお、本日は決算日である。

正解

	借方科目	金額	貸方科目	金額
(1)	現　　　金	5,000	現金過不足	5,000
(2)	現金過不足	5,000	売　掛　金 雑　　　益	4,000 1,000

4．当座預金の処理

　現金の受払いには煩雑さと盗難などの危険がともないます。これを避けるために、企業は取引銀行に当座預金口座を設け、受払いを行います。当座預金は、銀行との**当座取引契約**に基づく無利子の預金で、その引き出しには小切手が用いられます。当座預金口座に現金が振り込まれた場合には、**当座預金** a/c（資産a/c）の借方に記入し、引落しあるいは小切手を振り出す場合には貸方に記入します。なお、当方振り出しの小切手が戻ってきた場合には当座預金a/cの借方に記入します。小切手振り出しの例は、次のとおりです。

```
No____ A0000000   小切手
支払地　○○市○○町×番 ┐
株式会社○○銀行佐賀支店 ┘ 支払地・支払銀行名

金額　　￥200,000  } 金額欄

受取人 { 上記の金額をこの小切手と引き換えに
        持参人へ御支払いください
        平成　○年　×月　×日 ── 振出日
        ○○市　振出人　××××　㊞
```

振出人＝店主名（個人企業）

当座預金

当座入金	小切手の振出
振出小切手の戻り	当座引落

設 例 5

次の取引の仕訳をしなさい。ただし，商品 a/c は 3 分法によること。

5月2日　C商店へ商品￥200,000を掛売りし，発送費￥2,000（当方負担）は小切手＃18を振り出した。

10日　A商店への買掛金￥100,000の支払いのため，小切手を振り出した。

15日　D商店から回収した売掛金￥200,000をただちに当座預金とした。

25日　C商店へ商品￥150,000を売上げ，代金は当店振り出しの小切手￥50,000と同店振り出しの小切手￥100,000を受け取った。

正解

	借方科目	金額	貸方科目	金額
5／2	売掛金 発送費	200,000 2,000	売上 当座預金	200,000 2,000
5／10	買掛金	100,000	当座預金	100,000
5／15	当座預金	200,000	売掛金	200,000
5／25	現金 当座預金	100,000 50,000	売上	150,000

5．当座預金出納帳への記帳

当座預金出納帳は，取引銀行別に当座預金の預入れ，引出しの明細を記入します。これによって，預金残高を明らかにするとともに，小切手の引落しや手形の決済に間違いが起こらないように管理することができます。

設 例 6

［設例5］の取引を当座預金出納帳に記入し，締め切りなさい。なお，5月1日の当座預金の前月繰越高は¥258,000である。

正解

当 座 預 金 出 納 帳

平成○年		摘　　　　要	収入	支出	借/貸	残高
5	1	前月繰越	258,000		借	258,000
	2	C商店へ掛売り，発送費支払い♯18		2,000	〃	256,000
	10	A商店へ買掛金支払い		100,000	〃	156,000
	15	D商店から売掛金を回収	200,000		〃	356,000
	25	C商店へ売上げ，当店発行小切手戻り	50,000		〃	406,000
	31	**次月繰越**		**406,000**		
			508,000	508,000		
6	1	前月繰越	406,000		借	406,000

（注）ゴシックは赤字。

6. 当座借越

通常，当座預金の残高以上に小切手は振り出すことはできません。しかし，銀行と**当座借越契約**を結べば，当座預金残高以上に小切手を振り出すことができます。これを当座借越といいます。

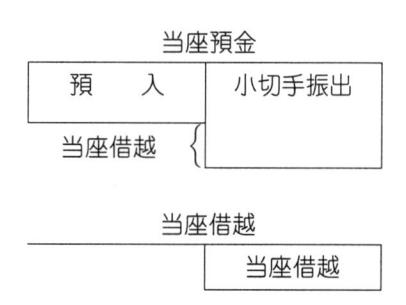

```
           当座預金
    ┌──────────┬──────────┐
    │  預  入  │ 小切手振出│
    ├──────────┤          │
    │ 当座借越 {          │
    └──────────┴──────────┘

           当座借越
               ┌──────────┐
               │ 当座借越 │
               └──────────┘
```

当座借越では，**当座借越** a/c（負債 a/c）が用いられます。当座借越は，銀行からの借入れになるので当座借越 a/c の貸方に記入し，後日当座預金に入金された場合には，まず当座借越の返済にあてるため借方に記入し，残額があれば当座預金とします。

なお，当座預金の預入れを**当座** a/c の借方に記入し，小切手の振り出しを貸方に記入する方法もあります。この場合，当座 a/c の借方残高は当座預金の有高を示し，貸方残高は当座借越の有高を意味します。

設 例 7

次の一連の取引の仕訳を示しなさい。ただし，取引銀行と当座借越契約を結んでいるものとする。
(1) 商品¥100,000を仕入れ，代金は小切手を振り出して支払った。なお，当座預金の残高が¥70,000ある。
(2) 商品¥150,000を売上げ，代金は当座預金に預入れた。

正 解

	借方科目	金 額	貸方科目	金 額
(1)	仕　　　　　入	100,000	当　座　預　金 当　座　借　越	70,000 30,000
(2)	当　座　借　越 当　座　預　金	30,000 120,000	売　　　　　上	150,000

当座 a/c のみで処理をする場合の仕訳を示すと，次のようになります。

	借方科目	金　額	貸方科目	金　額
(1)	仕　　　入	100,000	当　　　座	100,000
(2)	当　　　座	150,000	売　　　上	150,000

7．小口現金

通常，企業では日常の少額の支払いのために現金を準備しておきます。これを簿記では小口現金といい，**小口現金** a/c（資産 a/c）で処理します。**会計係**は，小口現金の支払いを担当する**用度係**（小払資金係）に小口現金を渡し，用度係は支払いについての報告を一定期間ごと（たとえば1週間）に会計係に行い，小口現金の補給を受けることになります。これを**定額資金前渡制（インプレスト・システム）**といいます。

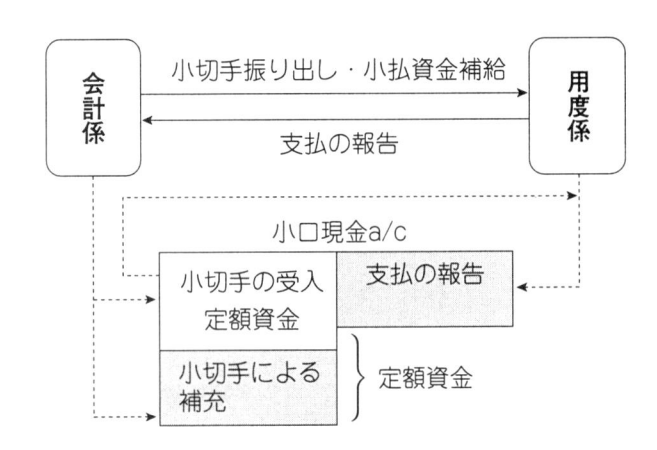

設　例 8

次の取引の仕訳をしなさい。
(1) 前週の5月14日に会計係は小口現金として用度係に小切手¥8,000を渡した。なお，当店は定額資金前渡制を採用している。
(2) 5月21日に用度係から以下のような支払いの報告を受け，ただちに小切手を振出して補給した。

　　　5月17日（月）　郵便切手　¥ 500　　接待用たばこ　¥200
　　　　18日（火）　ボールペン　¥ 300
　　　　19日（水）　バス回数券　¥1,000
　　　　20日（木）　郵便はがき　¥ 400　　タイプ用紙　　¥350
　　　　21日（金）　タクシー代　¥1,300　　お茶　　　　　¥600

正　解

	借方科目	金　額	貸方科目	金　額
(1)	小　口　現　金	8,000	当　座　預　金	8,000
(2)	通　信　費 交　通　費 消　耗　品　費 雑　費	900 2,300 650 800	当　座　預　金	4,650

（注）通信費a/c，交通費a/c，消耗品費a/cおよび雑費a/cの金額の計算は，次の小口現金出納帳の内訳を参照してください。

8．小口現金出納帳への記帳

　小口現金出納帳は，小口現金の受払いの管理，会計係への報告のために，用度係により記帳されます。記帳方法には，（1）週末（月末）に資金を補給する方法と（2）翌週初め（月初）に資金を補給する方法があります。

設　例 9

　[設例8]の取引を小口現金出納帳に記入し，週末における締め切りと小切手による資金の補給に関する記入を行いなさい。なお，定額資金前渡制（インプレスト・システム）により，小口現金係は毎週金曜日の営業時間終了後にその週の支払いを報告し，資金の補給を受けるものとする。

正 解

小 口 現 金 出 納 帳

収 入	平成○年		摘 要	支 払	内 訳			
					通信費	交通費	消耗品費	雑 費
8,000	5	17	前週繰越					
	〃		郵便切手	500	500			
	〃		接待用たばこ	200				200
		18	ボールペン	300			300	
		19	バス回数券	1,000		1,000		
		20	郵便はがき	400	400			
	〃		タイプ用紙	350			350	
		21	タクシー代	1,300		1,300		
	〃		お茶代	600				600
	〃		合　　計	4,650	900	2,300	650	800
4,650	〃		本日補給高					
	〃		**次週繰越**	**8,000**				
12,650				12,650				
8,000	5	24	前週繰越					

設 例10

［設例9］について，小口現金係が翌週初日に資金の補給を受けるものとする。

正解

小口現金出納帳

収　入	平成○年		摘　　要	支払	内訳 通信費	交通費	文房具費	雑　費
8,000	5	17	前週繰越					
		〃	郵便切手	500	500			
		〃	接待用たばこ	200				200
		18	ボールペン	300			300	
		19	バス回数券	1,000		1,000		
		20	郵便はがき	400	400			
		〃	タイプ用紙	350			350	
		21	タクシー代	1,300		1,300		
		〃	お茶代	600				600
		〃	合　　計	4,650	900	2,300	650	800
		〃	**次週繰越**	**3,350**				
8,000				8,000				
3,350	5	24	前週繰越					
4,650		〃	小切手受入					

9．その他の預金

預金には，当座預金以外に銀行などの金融機関に預ける普通預金，定期預金，通知預金や郵便局に預ける郵便貯金などがあります。これらは，それぞれの名称をつけた勘定科目を用います。

設　例11

次の取引の仕訳をしなさい。

H銀行に預けている定期預金¥500,000が本日満期となり，利息¥5,000とともに普通預金に預け替えた。

正解

借方科目	金　額	貸方科目	金　額
普 通 預 金	505,000	定 期 預 金 受 取 利 息	500,000 5,000

練習問題

問1 次の取引の仕訳をしなさい。

（1） 佐賀商店より商品￥250,000を仕入れ，代金のうち￥200,000は小切手を振り出し，残額は掛とした。
（2） 福岡商店の売掛金￥150,000を郵便為替証書にて回収した。
（3） 普通預金￥700,000を利息￥7,000とともに定期預金に振り替えた。
（4） 鹿児島商店に商品￥600,000を売上げ，代金のうち￥150,000は同店振り出しの小切手で受け取り，残額は掛とした。なお，発送費（当店負担）￥25,000は，現金で支払った。
（5） 愛媛商店の買掛金￥450,000について小切手を振り出して支払った。ただし，当座預金勘定の残高は￥300,000であった。なお，銀行との間に￥300,000を限度とする当座借越契約が結んである。
（6） 現金の実際有高と帳簿残高を照合したところ，実際有高が￥10,000多かったので，帳簿残高を修正して，原因を調べることにした。
（7） 現金の実際有高と帳簿残高を照合したところ，実際有高が￥10,000不足していたので，帳簿残高を修正して，原因を調べることにした。
（8） 福岡商店の売掛金のうち￥350,000が当店の普通預金口座に振り込まれた。
（9） 現金過不足勘定で処理してあった現金不足額￥5,000は，バス回数券￥3,000と切手代￥2,000の計上もれであることが判明した。
（10） 用度係から次のような支払いの報告を受けたので，小切手を振り出して資金の補給を行った。

　　郵便切手　￥2,000　　バス回数券　￥3,800　　伝票・帳簿代　￥4,500

	借方科目	金　額	貸方科目	金　額
（1）				
（2）				
（3）				
（4）				
（5）				
（6）				

(7)				
(8)				
(9)				
(10)				

問2 次の取引を現金出納帳に記入しなさい。なお，帳簿は月末に締め切りなさい。

1月5日　郡山商店に対する買掛金のうち¥350,000を現金で支払った。
　　7日　小切手¥1,720,000を振り出して，全九州銀行から現金を引き出した。
　　12日　札幌不動産に来月分の家賃¥152,000を現金で支払った。
　　17日　従業員の給料¥1,324,600を現金で支払った。
　　22日　沖縄商店に商品¥463,050を売上げ，代金は現金で受け取った。
　　31日　バスの回数券¥3,000を購入し，現金で支払った。

現 金 出 納 帳

平成○年		摘　　要	収　入	支　出	残　高
1	1	前月繰越	3,362,000		3,362,000

【問3】 次の取引を小口現金出納帳に記入し，締め切りなさい。なお，定額資金前渡制（インプレスト・システム）により，小口現金係は毎週金曜日の営業時間の終了時にその週の支払いを報告し，資金の補給を受けている。

1月20日（月）郵便切手・はがき代　¥6,800　　1月21日（火）タクシー代　¥4,820
　　22日（水）封筒・伝票代　¥6,720　　　　23日（木）お茶・コーヒー代　¥6,090
　　24日（金）電車・バス代　¥3,920

小 口 現 金 出 納 帳

収入	平成○年		摘　要	支払	内訳			
					通信費	交通費	消耗品費	雑費
50,000	1	20	前週繰越					
			合　　計					
			本日補給高					
			次週繰越					
			前週繰越					

【問4】 次の略式の元帳記入から取引を推定し，下記の取引の（　　）の中の金額を求めなさい。

現　金

売　上	80,000	通信費	6,000
		仕　入	160,000

当座預金

売掛金	200,000	仕　入	50,000
		仕　入	165,000

売 掛 金

		当座預金	200,000

仕　入

諸　口	210,000		
当座預金	165,000		

売　　上	通　信　費
現　金　80,000	現　金　6,000

1．売掛金（¥　　①　　）を小切手で受け取り，ただちに当座預金口座に預け入れた。
2．商品を売上げ（¥　　②　　）を現金で受け取った。
3．郵便切手（¥　　③　　）を購入し，現金にて支払った。
4．商品（¥　　④　　）を仕入れ，代金のうち（¥　　⑤　　）は現金で支払い，残額は小切手を振り出して支払った。
5．商品（¥　　⑥　　）を仕入れ，代金は小切手を振り出して支払った。

問5 次の10月中の取引に基づいて，答案用紙の当座預金勘定と当座借越勘定に必要な記入を行い，当座預金勘定残高を答えなさい。なお，商品売買に関する記帳は3分法により行い，取引銀行とは¥500,000を限度額とする当座借越契約を結んでいる。勘定記入にあたっては，日付，相手勘定科目，金額を（　　）内に取引日順に記入し，締切りは不要である。

10月4日　小切手¥100,000を振り出し現金を引き出した。
　　9日　商品¥600,000を仕入れ，代金の半額は小切手を振り出し，残額は掛とした。
　　15日　買掛金¥400,000の支払いのため，小切手を振り出した。
　　19日　商品¥250,000を売上げ，代金として先方振り出しの小切手を受け取り，直ちに当座預金に預入れた。
　　24日　満期日の到来した得意先振り出しの約束手形¥500,000について，当座預金口座への振込を受けた。
　　26日　かねて引受けをしていた仕入先振り出しの為替手形¥200,000について支払期日が到来し，当座預金口座からの引落しがあった。
　　29日　広告宣伝費¥80,000を小切手を振り出して支払った。

当　座　預　金

10/1	前月繰越	500,000	10/（　）	（　　　）	（　　　）
（　）	（　　　）	（　　　）	（　）	（　　　）	（　　　）
			（　）	（　　　）	（　　　）
			（　）	（　　　）	（　　　）
			（　）	（　　　）	（　　　）

当 座 借 越

10/ ( ) ( ) ( )	10/ ( ) ( ) ( )	
( ) ( ) ( )		

10月末の当座預金勘定残高　￥_____

第4章 手形の処理および記帳

―― 学習のポイント ――

　第4章では手形取引の処理について説明をします。手形には,約束手形と為替手形があります。約束手形は,振出人(=支払人)と名宛人(=受取人)の2者が関与します。為替手形は,通常,振出人,名宛人(=引受人,=支払人)および受取人の3者が関与します。第4章では,これらの関係者の手形債権と債務の処理および記帳について学習します。

　第4章で学習する手形についての帳簿記入の流れは,次のとおりです。

手形取引 ― 主要簿　仕訳帳　元帳
　　　　　└ 補助簿　補助記入帳　受取手形記入帳　支払手形記入帳

　手形の取引には,上述の他,手形の割引および手形の裏書があります。

1．約束手形の処理

　約束手形は,**振出人**(支払人)と**名宛人**(受取人)との2者の間で用いられます(略して,約手という)。振出人は,支払期日(満期日)に,手形に記された金額(手形代金)を支払います。振出人は手形債務を負うことになり,**支払手形** a/c(負債 a/c)の貸方に記入し,受取人は手形債権を得ることになり,**受取手形** a/c(資産 a/c)の借方に記入します。満期日に,手形金額の決済が行われた場合,手形の債権・債務が解消されるので受取人は受取手形 a/c の貸方に,振出人は支払手形 a/c の借方に記入します。

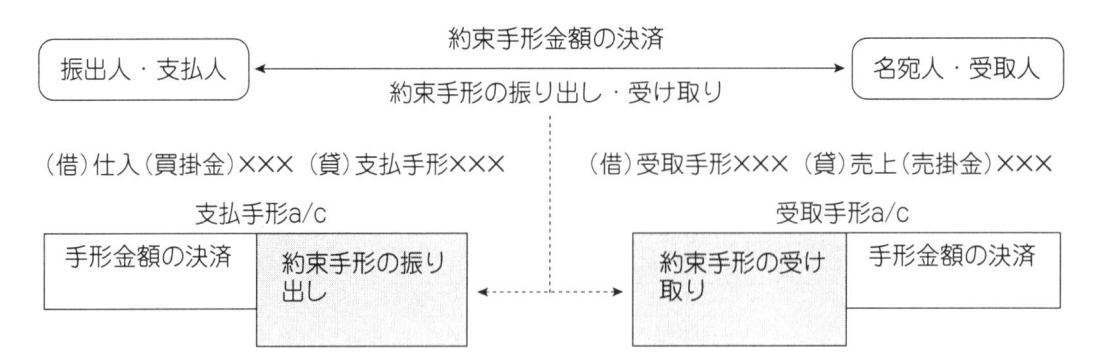

```
振出人・支払人  ←約束手形金額の決済→  名宛人・受取人
              ←約束手形の振り出し・受け取り→
```

(借)仕入(買掛金)×××　(貸)支払手形×××　　　(借)受取手形×××　(貸)売上(売掛金)×××

```
       支払手形a/c                          受取手形a/c
┌──────────┬──────────┐        ┌──────────┬──────────┐
│手形金額の決済│約束手形の振り│        │約束手形の受け│手形金額の決済│
│            │出し          │        │取り          │              │
└──────────┴──────────┘        └──────────┴──────────┘
```

（注）支払手形 a/c と受取手形 a/c は，商品の売買・掛代金の受払いの場合に用いられます。

取引銀行作成の約束手形の例は，次のとおりです。

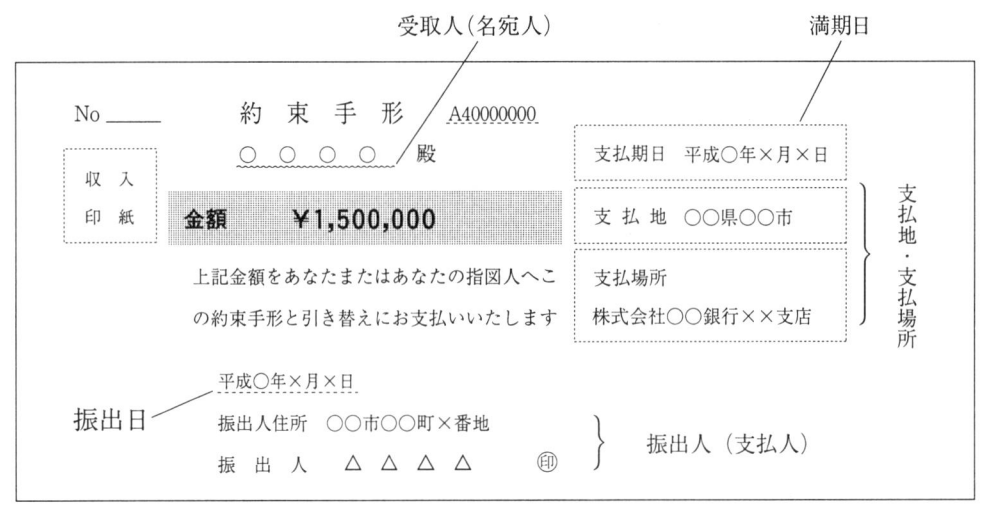

```
                    受取人(名宛人)              満期日

 No ____      約 束 手 形  A40000000
              ○ ○ ○ ○ 殿        支払期日 平成○年×月×日
 収入                                                              支
 印紙    金額  ¥1,500,000           支払地 ○○県○○市             払
                                                                   地
         上記金額をあなたまたはあなたの指図人へこ  支払場所              ・
         の約束手形と引き替えにお支払いいたします  株式会社○○銀行××支店  支
                                                                   払
                                                                   場
                                                                   所
         平成○年×月×日
 振出日   振出人住所 ○○市○○町×番地
         振 出 人  △ △ △ △  ㊞    振出人（支払人）
```

（注）受取人および振出人は，個人商店であれば店主の氏名を記入し，押印します。株式会社であれば，○○株式会社　代表取締役　△△△△と記入し，押印します。

設 例 1

（1） Ｃ商店に商品¥350,000を売上げ，代金は同店振り出しの約束手形を受け取った。
（2） Ａ商店から商品¥200,000を仕入れ，代金は約束手形を振り出して支払った。
（3） （1）の約束手形¥350,000の満期日が到来し，当座預金に入金された。
（4） （2）の約束手形¥200,000の満期日が到来し，当座預金より支払った。

正 解

	借方科目	金 額	貸方科目	金 額
(1)	受 取 手 形	350,000	売　　　　上	350,000
(2)	仕　　　　入	200,000	支 払 手 形	200,000
(3)	当 座 預 金	350,000	受 取 手 形	350,000
(4)	支 払 手 形	200,000	当 座 預 金	200,000

2．為替手形

為替手形は，原則として**振出人**，**名宛人**（引受人，支払人）および**受取人**の3者間で用いられます（略して，**為手**という）。振出人は，名宛人に対して，満期日に手形代金の支払いを委託することになります。手形債務者は名宛人，手形債権者は受取人となります。なお，振出人は名宛人に対する債権（売掛金）と引き換えに手形債務を名宛人に引き受けてもらうため，手形債務・債権とは関係がありません。手形債務・債権の処理は，約束手形の場合と同様です。

取引銀行作成の為替手形の例は，次のとおりです。

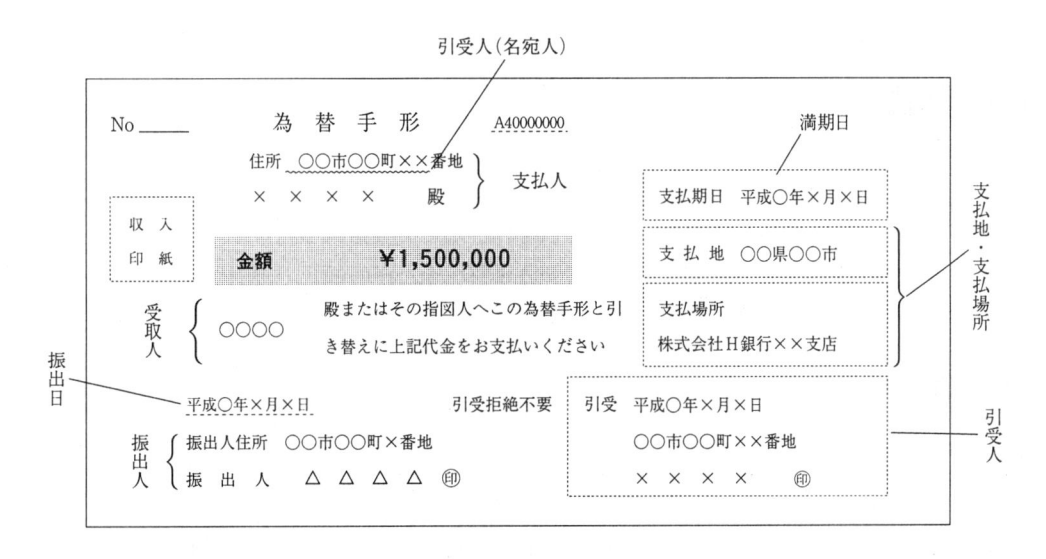

次の図は，振出人が受取人に対する商品代金を支払うために売掛金のある名宛人（引受人，支払人）に為替手形を振り出し，引き受けを得て，受取人に為替手形を渡した場合です（手形の決済は取引銀行を通じて当座預金により行います）。

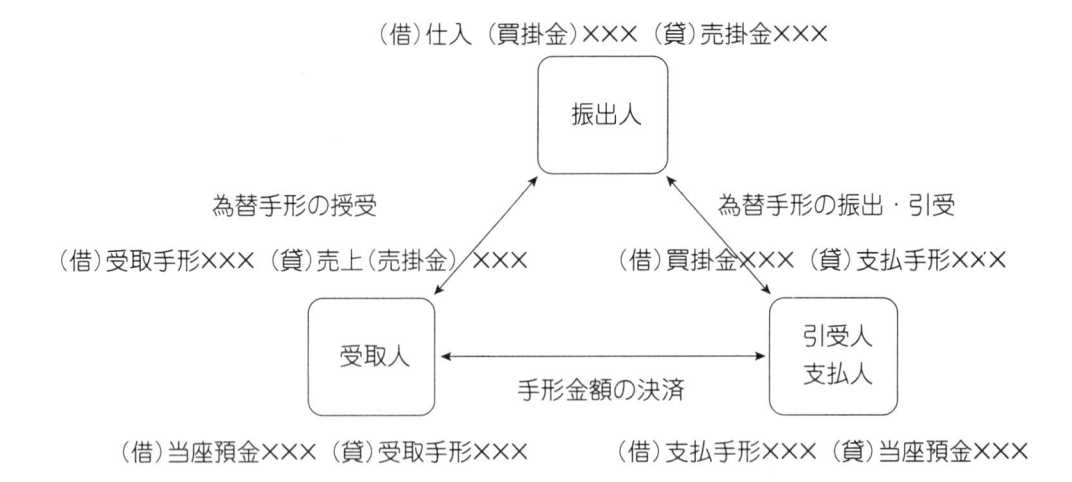

```
                    (借)仕入（買掛金）×××  （貸)売掛金×××
                           ┌─────────┐
                           │  振出人  │
                           └─────────┘
                          ↗           ↖
           為替手形の授受                  為替手形の振出・引受

(借)受取手形×××（貸)売上(売掛金)×××    （借)買掛金×××（貸)支払手形×××
   ┌─────────┐                           ┌─────────┐
   │  受取人  │ ←──手形金額の決済──→        │ 引受人   │
   └─────────┘                           │ 支払人   │
                                         └─────────┘

(借)当座預金×××（貸)受取手形×××     （借)支払手形×××（貸)当座預金×××
```

　なお，振出人が受取人に対する掛代金の支払いとして，為替手形を振り出した場合，振出人は借方：買掛金，受取人は貸方：売掛金となります。

受取手形	
約束手形の受け取り	手形金額の決済
為替手形の受け取り	

支払手形	
手形金額の決済	約束手形の振り出し
	為替手形の引き受け

設例2

　次の取引について，当店，A商店，C商店の仕訳をしなさい。
（1） 当店は，A商店から商品¥200,000を仕入れ，代金はかねてから売掛金のあるC商店宛の為替手形を振り出しC商店の引受けを得て，A商店へ渡した。
（2） 上記為替手形が，満期日に取引銀行の当座預金口座を通じて決済された。

正解

当店

	借方科目	金　額	貸方科目	金　額
（1）	仕　　　入	200,000	売　掛　金	200,000

C商店

	借方科目	金　額	貸方科目	金　額
（1）	買　掛　金	200,000	支　払　手　形	200,000
（2）	支　払　手　形	200,000	当　座　預　金	200,000

A商店

	借方科目	金額	貸方科目	金額
(1)	受 取 手 形	200,000	売　　　上	200,000
(2)	当 座 預 金	200,000	受 取 手 形	200,000

3．手形の裏書

手形は，満期日前に他人に譲渡することによって，商品代金などの支払手段として用いることができます。これを，**手形の裏書**といいます。

受取手形

約束手形の受け取り	手形金額の受け取り
為替手形の受け取り	手形の裏書

｝手形の所持人が満期日前に他店に譲渡

手形を裏書した場合，次の図のように手形の裏面に署名，押印をして相手に渡します。

```
標記金額を下記被裏書人およびその指図人へお支払いください
平成○年×月×日            支払拒絶不要
住所　○○市○○町××番地
　　○　　○　　○　　○　　㊞
(目的) 裏書譲渡
```
｝手形の所持人＝裏書人が記名・押印します

```
被裏
書人　　△△△△　　　　殿
```
｝手形の譲受人＝被裏書人が記名します

以下省略

設例3

次の取引の仕訳をしなさい。

A商店から商品¥300,000を仕入れ，代金はかねてB商店から受け取っていた約束手形¥250,000を裏書譲渡し，残額は小切手を振り出して支払った。

正解

借方科目	金額	貸方科目	金額
仕　　　　入	300,000	受　取　手　形 当　座　預　金	250,000 50,000

4．手形の割引

　手形の所持人は，満期日を待つことなく銀行などで換金することができます。これを**手形の割引**といいます。この場合，銀行に手形を売却したと考えます。また，割引をした日から満期日までの利息（割引料）が差し引かれます。この割引料は，手形を売却することで発生した損失と考え，**手形売却損** a/c（費用 a/c）で処理します。取引銀行で手形の割引をした場合，手形の裏面に署名，押印をして取引銀行に渡します。なお，59頁の図の譲受人＝被裏書人は，取引銀行になります。

受取手形

約束手形の受け取り	手形金額の決済
	手形の裏書
為替手形の受け取り	手形の割引

｝手形の所持人が満期日前に取引銀行に譲渡

設例4

　次の取引の仕訳をしなさい。
　D商店振り出しの約束手形¥150,000をH銀行で割り引き，割引料¥1,000を差し引かれ，手取金は当座預金とした。

正解

借方科目	金額	貸方科目	金額
当　座　預　金 手　形　売　却　損	149,000 1,000	受　取　手　形	150,000

5．支払手形記入帳への記帳

　支払手形記入帳は，支払手形の内容（手形の種類，手形番号，受取人，振出人，振出日，満期日，支払場所，手形金額など）を詳細に記録します。また，てん末欄には，当該手形が無事決済されたのかを記入します。

設例5

次の取引を支払手形記入帳に記入しなさい。

8月1日　当店は，仕入先A商店へ買掛金¥50,000を支払うため約束手形を振り出した。
満期日：10月31日，手形番号♯9，支払場所：H銀行
9月1日　当店の仕入先B商店がC商店に対する買掛金¥500,000を支払うため，C商店を受取人とする為替手形¥500,000を振り出し，当店へ引き受けを呈示したのでこれを引き受けた。満期日：11月30日，手形番号♯10，支払場所：H銀行
10月31日　上記約束手形が満期日になり，H銀行より決済した旨，連絡を受けた。
11月30日　上記為替手形が満期日になり，H銀行より決済した旨，連絡を受けた。

正解

支払手形記入帳

平成〇年		手形種類	手形番号	摘要	受取人	振出人	振出日		満期日		支払場所	手形金額	てん末		
													日付		摘要
8	1	約手	9	買掛金	A商店	当店	8	1	10	31	H銀行	50,000	10	31	決済
9	1	為手	10	買掛金	C商店	B商店	8	9	1	11	30	H銀行	500,000	11	30	決済

（注）約束手形と為替手形の受取人と振出人の相違に注意が必要です！

6．受取手形記入帳

受取手形記入帳は，受取手形の内容（手形の種類，手形番号，支払人，振出人または裏書人，振出日，満期日，支払場所，手形金額など）を詳細に記録する。また，てん末欄には，当該手形が無事決済されたのか，裏書譲渡されたのか，それとも割引されたのかを記入する。

設例6

次の取引を受取手形記入帳に記入しなさい。

6月1日　得意先D商店より売掛金¥50,000を同店振り出しの約束手形で受け取った。
満期日：8月31日，手形番号♯7，支払場所：Y銀行
7月10日　仕入先A商店に対する買掛金¥50,000の支払いのため，上記約束手形を裏書譲渡した。

正　解

受 取 手 形 記 入 帳

平成 ○年		手形 種類	手形 番号	摘　要	支払人	振出人 裏書人	振出日		満期日		支払場所	手形金額	てん末		
													日付		摘要
6	1	約手	7	売掛金	D商店	D商店	6	1	8	31	Y銀行	50,000	7	10	裏書譲渡

練習問題

問1 次の取引の仕訳をしなさい。

(1) 広島商店に商品￥800,000を売り渡し，代金のうち￥500,000は同店振り出しの小切手で受け取り，残額は掛とした。なお，発送費（当店負担）￥50,000は現金で支払った。

(2) 大分商店から商品￥500,000を仕入れ，代金のうち￥400,000は約束手形を振り出し，残額は小切手を振り出して支払った。なお，引取運賃￥30,000は現金で支払った。

(3) 福岡商店に対する買掛金の支払いのため，かねて売掛金のある佐賀商店あての為替手形￥500,000を振り出し，佐賀商店の引き受けを得て福岡商店に渡した。

(4) 鹿児島商店の売掛金￥450,000について，同店振り出し宮崎商店引き受けの為替手形を受け取った。

(5) 仕入先長崎商店から買掛金￥350,000について，同店振り出し熊本商店受け取り，当店あての為替手形の引き受けを求められ，これを引き受けた。

(6) 山口商店より商品￥650,000を仕入れ，代金は沖縄商店振り出しの約束手形￥400,000を裏書譲渡し，残額は掛とした。

(7) 得意先佐賀商店から受け取ってあった同店振り出し大分商店引き受け済みの為替手形￥450,000を全九州銀行で割り引き，割引料￥5,000を差し引かれ，残額は当座預金とした。

(8) 香川商店から売掛金￥400,000を愛媛商店振り出しの約束手形￥300,000と高知商店振り出しの約束手形￥100,000を裏書譲渡により回収した。

	借方科目	金　額	貸方科目	金　額
(1)				
(2)				
(3)				
(4)				
(5)				
(6)				

(7)				
(8)				

問2 次の取引を，当座預金出納帳・得意先（売掛金）元帳および受取手形記入帳に記入しなさい。ただし，各帳簿は締め切らなくてよい。

10月12日 博多商店に対する売掛金のうち￥250,000を同店振り出しの約束手形（手形♯10，振出日10月12日，支払期日11月12日，支払場所　全九州銀行）で受け取った。

10月20日 博多商店から受け取った上記約束手形を全九州銀行で割り引き，割引料￥5,000を差し引かれ，手取金は当座預金とした。

10月25日 熊本商店へ商品￥350,000を売り渡し，代金は同店振り出し八代商店引き受けの為替手形（手形♯10，振出日10月25日，支払期日11月25日，支払場所　全九州銀行）で受け取った。

当　座　預　金　出　納　帳　　　　1

平成〇年		摘　　　　要	預　入	引　出	借／貸	残　高
10	1	前月繰越	290,000		借	290,000

得意先（売掛金）元帳
博　多　商　店

平成〇年		摘　　　　要	借　方	貸　方	借／貸	残　高
10	1	前　月　繰　越	400,000		借	400,000

受　取　手　形　記　入　帳

平成〇年	手形種類	手形番号	摘要	支払人	振出人裏書人	振出日	満期日	支払場所	手形金額	てん末 日付	てん末 摘要

問3 次の取引を，当座預金出納帳・仕入先（買掛金）元帳および支払手形記入帳に記入しなさい。ただし，各帳簿は締め切らなくてよい。

10月12日 島原商店へ買掛金のうち￥250,000を約束手形（手形♯10，振出日10月12日，支払期日11月12日，支払場所　全九州銀行）を振り出して支払った。

10月15日　9月15日振り出しの約束手形¥120,000につき，支払期日が到来したので全九州銀行より当店当座預金口座から決済したむね通知を受けた。

10月25日　対馬商店より商品¥350,000を仕入れ，同店振り出し大隈商店受け取りの為替手形¥350,000（手形♯8，振出日10月25日，支払期日11月25日，支払場所　全九州銀行）の引き受けを求められ，引き受けた。

当 座 預 金 出 納 帳　　　　　　　1

平成○年		摘　要	預入	引出	借/貸	残高
10	1	前月繰越	290,000		借	290,000

仕入先（買掛金）元帳
島 原 商 店

平成○年		摘要	借方	貸方	借/貸	残高
10	1	前月繰越		400,000	貸	400,000

支 払 手 形 記 入 帳

平成○年		手形種類	手形番号	摘要	受取人	振出人	振出日		満期日		支払場所	手形金額	てん末 日付		摘要
9	15	約手	9	仕入	福岡商店	当店	9	15	10	15	全九州銀行	120,000			

第5章　有価証券・その他の債権債務取引の処理

学習のポイント

　第5章では，有価証券についてその取得と売却，未収金・未払金，貸付金・借入金，手形貸付金・手形借入金，前払金・前受金，仮払金・仮受金，立替金・預り金および商品券などのその他の債権債務についての処理を学習します。どういう場合にどの勘定科目を使用するのか，また各勘定科目はどのように違うのかについて，しっかりと学習してください。

1．有価証券の取引

1.1　有価証券の取得

　企業は，利息，配当金および売買による利益を得るため，または長期的な投資または他の企業を支配するためなどの目的で，株式，社債，公債（国債・地方債）などの**有価証券**を購入することがあります。これらの有価証券を売買目的で購入した場合，購入価額に支払手数料などの付随費用を含めた取得原価で**売買目的有価証券** a/c（資産 a/c）の借方に記入します。

売買目的有価証券

有価証券の購入価格（購入手数料を含む）	

設例1

次の取引の仕訳をしなさい。
（1）　K商事株式会社の株式10株を売買目的で1株につき￥50,000で購入し，買入手数料￥10,000とともに小切手を振り出して支払った。
（2）　売買目的でH銀行の社債（額面￥1,000,000）を額面￥100につき￥95で購入し，代金は小切手を振り出して支払った。

正解

	借方科目	金額	貸方科目	金額
(1)	売買目的有価証券	510,000	当座預金	510,000
(2)	売買目的有価証券	950,000	当座預金	950,000

(1) 株式の取得原価＝1株の購入価額¥50,000×10株＋手数料¥10,000＝¥510,000
(2) 社債の取得原価＝額面総額¥1,000,000×1口の購入価額¥95／1口の額面¥100＝¥950,000

1.2 売買目的有価証券の売却

売買目的有価証券を売却した場合には，その売却価額を売買目的有価証券a/cの貸方に記入し，取得原価と売却価額の差額は**有価証券売却益** a/c（収益a/c）の貸方または**有価証券売却損** a/c（費用a/c）の借方に記入します。

取得原価＜売却価格
売買目的有価証券
| 購入対価（手数料を含む） | 売却価格 |
有価証券売却益｛

有価証券売却益

取得原価＞売却価格
売買目的有価証券
| 購入対価（手数料を含む） | 売却価格 |
｝有価証券売却損

有価証券売却損

設例2

次の取引の仕訳をしなさい。
(1) ［設例1］の（1）のK商事株式会社の株式2株を，1株につき¥60,000で売却し，代金は現金で受け取った。
(2) ［設例1］の（2）のH銀行の社債のうち¥500,000を額面¥100につき¥94で売却し，代金は小切手で受け取った。

正解

	借方科目	金額	貸方科目	金額
(1)	現　　　　金	120,000	売買目的有価証券 有価証券売却益	102,000 18,000
(2)	現　　　　金 有価証券売却損	470,000 5,000	売買目的有価証券	475,000

（1）有価証券売却益＝売却価額￥60,000×2株－取得原価￥510,000×2株／
　　　　　　　　　　10株＝￥18,000
（2）有価証券売却損＝（取得原価￥95－売却価額￥94）×売却口数￥500,000／
　　　　　　　　　　一口の額面￥100＝￥5,000

2．その他の債権債務の取引

2.1　未収金・未払金

商品以外のものを売却し代金が未収の場合には**未収金**a/c（資産a/c）の借方に記入し、回収した場合には貸方に記入します。商品以外のものを購入し代金が未払いの場合には**未払金**a/c（負債a/c）の貸方に記入し、支払った場合には借方に記入します。なお、取引例は固定資産の取引で示します。

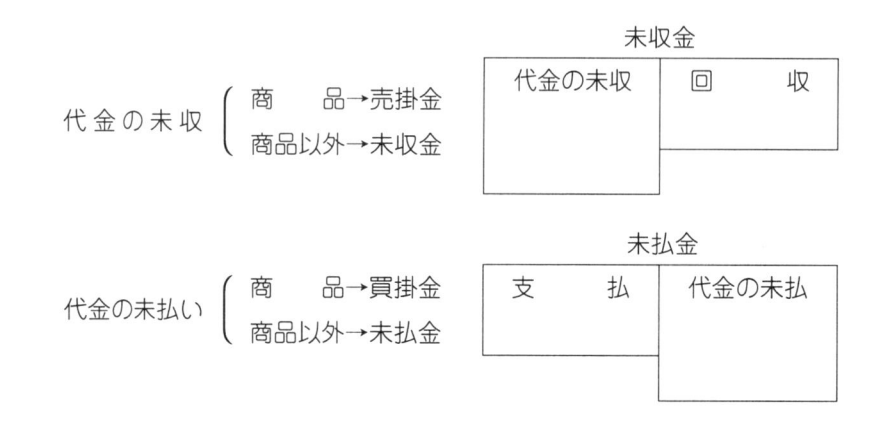

代金の未収 { 商　　品→売掛金
　　　　　　 商品以外→未収金

未収金	
代金の未収	回　　収

代金の未払い { 商　　品→買掛金
　　　　　　　 商品以外→未払金

未払金	
支　　払	代金の未払

2.2　貸付金・借入金

取引先や従業員などに金銭を貸付けた場合には**貸付金**a/c（資産a/c）の借方に記入し、返済された場合には貸方に記入します。また、銀行や取引先から金銭を借入れた場合には**借入金**a/c（負債a/c）の貸方に記入し、返済した場合には借方に記入します。

通常、金銭の貸借には借用証書が用いられますが、代わりに約束手形が用いられることもあります。この場合、**手形貸付金**a/c（資産a/c）および**手形借入金**a/c（負債a/c）で処理されます（借用証書の場合と同じく、貸付金a/cおよび借入金a/cでもよい）。

○ 借用証書による金銭の貸借の場合

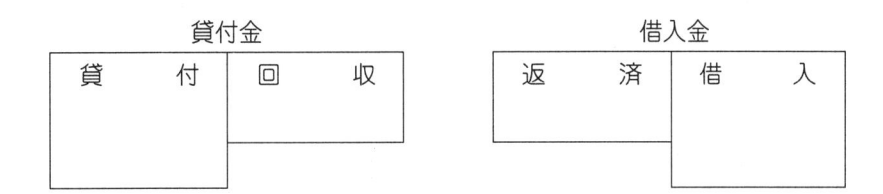

貸付金		借入金	
貸 付	回 収	返 済	借 入

○ 約束手形の振り出しによる金銭の貸借の場合

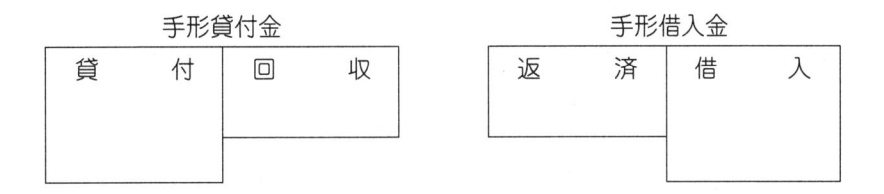

手形貸付金		手形借入金	
貸 付	回 収	返 済	借 入

設例3

次の取引の仕訳をしなさい。
(1) X商店に借用証書により現金¥500,000を貸し付けた。
(2) 上記貸付金について利息¥5,000とともに同店振り出しの小切手で返済を受けた。
(3) Y商店から¥500,000を借り入れ,約束手形を振り出し,利息¥5,000を差し引かれ残額は当座預金とした。
(4) 上記(3)の借入金について小切手を振り出して返済し,手形の返済を受けた。

正解

	借方科目	金額	貸方科目	金額
(1)	貸 付 金	500,000	現 金	500,000
(2)	現 金	505,000	貸 付 金 受 取 利 息	500,000 5,000
(3)	当 座 預 金 支 払 利 息	495,000 5,000	手 形 借 入 金	500,000
(4)	手 形 借 入 金	500,000	当 座 預 金	500,000

2.3 前払金・前受金

商品代金の一部を内金あるいは手付金として前払いした場合には**前払金**a/c(資産a/c)の借方に記入し,商品を仕入れた際に貸方に記入します。また,前受けした場合には**前受金**a/c(負債a/c)の貸方に記入し,商品を引き渡した際に借方に記入します。

前払金				前受金		
内金の支払	商品の仕入		商品の売上	内金の受取

前払金 a/c は**支払手付金** a/c，前受金 a/c は**受取手付金** a/c とすることもあります。

設例 4

次の取引の仕訳をしなさい。
(1) A商店に商品￥100,000を注文し，内金として小切手￥20,000を振り出した。
(2) 上記商品￥100,000を仕入れ，代金は内金￥20,000を差し引き，残額は掛とした。
(3) C商店から商品￥200,000の注文を受け，内金として現金￥40,000を受け取った。
(4) 上記商品￥200,000を売上げ，代金は内金￥40,000を差し引き，残額は掛とした。

正解

	借方科目	金額	貸方科目	金額
(1)	前　払　金	20,000	当　座　預　金	20,000
(2)	仕　　入	100,000	買　掛　金 前　払　金	80,000 20,000
(3)	現　　金	40,000	前　受　金	40,000
(4)	売　掛　金 前　受　金	160,000 40,000	売　　上	200,000

2.4 仮払金・仮受金

従業員に出張旅費を概算額で渡すなど金額が確定していない場合には**仮払金** a/c（資産 a/c）の借方に記入し，従業員が出張から帰り精算をした際に貸方に記入します。また，出張先の従業員から内容がわからない現金などを受け取った場合には**仮受金** a/c（負債 a/c）の貸方に記入し，従業員が出張から帰りその内容が判明すれば借方に記入します。このように，仮払金・仮受金 a/c は，金額や内容が不明な金銭などの支払いや受け取りがあった場合に一時的に用いられます。

仮払金				仮受金		
旅費などの 概算額払い	旅費などの 精算		内容判明	内容不明の 現金の受取

設例 5

次の取引の仕訳をしなさい。
(1) 従業員の出張に際し,出張旅費￥70,000を現金で概算払いした。
(2) 出張中の従業員から,当座預金口座に内容不明の￥150,000の振り込みを受けた。
(3) 出張中の従業員が帰店して出張旅費を精算し,不足額￥10,000を現金で支給した。また,内容不明の当座預金の振り込みは,D商店に対する売掛金の回収であることが判明した。

正解

	借方科目	金 額	貸方科目	金 額
(1)	仮 払 金	70,000	現 金	70,000
(2)	当 座 預 金	150,000	仮 受 金	150,000
(3)	旅 費	80,000	仮 払 金	70,000
			現 金	10,000
	仮 受 金	150,000	売 掛 金	150,000

2.5 立替金・預り金

従業員や取引先へ一時的に現金を立替えた場合,**立替金**a/c（資産a/c）の借方に記入し,返済を受けた場合には貸方に記入します。とくに,従業員への立替えは**従業員立替金**a/cで処理します。

金銭を一時的に預かった場合には**預り金**a/c（負債a/c）の貸方に記入し,返済した場合には借方に記入します。とくに,従業員の源泉所得税の預りは**源泉所得税預り金**a/cで処理します。

```
         立替金                    預り金
┌──────────┬──────────┐    ┌──────────┬──────────┐
│ 現金立替 │ 立替金返済│    │預り金返済│ 現金の預り│
│          │          │    │          │          │
└──────────┴──────────┘    └──────────┴──────────┘
```

設例 6

次の取引の仕訳をしなさい。
(1) 従業員の自家用車購入代金の一部￥100,000を現金で立替えた。
(2) 上記従業員の本月分の給料￥500,000の支払いにあたり,立替金￥100,000,源泉所得税￥50,000を差し引き現金で支給した。
(3) 上記従業員から預かっていた所得税￥50,000を税務署に現金で納付した。

正解

	借方科目	金額	貸方科目	金額
(1)	従業員立替金	100,000	現　　　　金	100,000
(2)	給　　　　料	500,000	従業員立替金 源泉所得税預り金 現　　　　金	100,000 50,000 350,000
(3)	源泉所得税預り金	50,000	現　　　　金	50,000

2.6 商品券

デパートやスーパーなどで発行される商品券は，後日これと引換えに商品を渡さなければなりません。商品券を発行した場合は，**商品券** a/c（負債 a/c）の貸方に記入し，商品券と引換えに商品を渡した場合は借方に記入します。また，商品券は，他店発行のものがあり，**他店商品券** a/c（資産 a/c）で処理します。

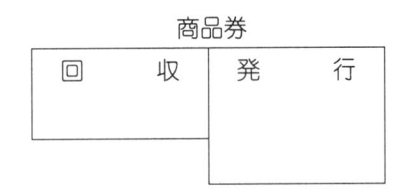

```
         商品券
   回　収 │ 発　行
```

設例 7

次の取引の仕訳をしなさい。
(1) 自店発行の商品券¥50,000を現金にて販売した。
(2) 商品¥80,000を販売し，代金は上記自店発行の商品券¥50,000と他店発行の商品券¥30,000で受け取った。

正解

	借方科目	金額	貸方科目	金額
(1)	現　　　　金	50,000	商　品　券	50,000
(2)	商　品　券 他店商品券	50,000 30,000	売　　　　上	80,000

練習問題

問1 次の取引の仕訳をしなさい。

(1) 全経商事株式会社の株式1,000株を売買目的で1株￥750で購入し，代金は買入手数料￥10,000とともに現金で支払った。

(2) (1)の株式のうち500株を1株￥800で売却し，代金は現金で受け取った。

(3) 額面￥1,000,000の鹿児島産業株式会社の社債を売買目的で額面￥100につき￥95で購入し，代金は小切手を振り出して支払った。

(4) (3)の社債を額面￥100につき￥98で売却し，代金は4日後に受け取ることにした。

(5) 売買目的で所有の福岡工業株式会社の社債（額面￥2,000,000 帳簿価額￥1,980,000）を，額面￥100につき￥95で売却し，代金は現金で受け取りただちに当座預金とした。

(6) 佐賀商店に￥1,500,000を貸し付け，利息￥75,000を差し引き，差額を当店の当座預金口座から佐賀商店の当座預金口座へ振り込んだ。

(7) 東京商事株式会社から￥2,500,000を借り入れ，約束手形を振り出した。なお，利息￥125,000を差し引かれ，手取金は現金で受け取った。

(8) 大分商店より商品￥600,000を仕入れ，代金はすでに支払ってある内金￥120,000を差し引き，残額は掛とした。

(9) 宮崎商店より商品の注文を受け，内金として￥150,000を現金で受け取った。

(10) 香川商店へ商品を注文し，内金として￥50,000を現金で支払った。

(11) 福岡商店へ商品￥800,000を売り渡し，代金はかねて受け取っていた内金￥160,000を差し引き，残額は同店振り出しの約束手形で受け取った。

(12) 従業員の出張にあたり，旅費などの概算額￥40,000を現金で仮払いした。

(13) 出張中の従業員より，当店の普通預金口座に￥100,000の振り込みがあったが，その内容は不明である。

(14) 出張中の従業員が帰店し，旅費の残額￥1,500を現金で受け取った。なお，出張の際に従業員に旅費概算額￥40,000を渡し，仮払金で処理している。

(15) 先に仮受金勘定として処理してあった送金額は，次の内容であることが判明した。
　　商品注文の手付金　￥120,000　　売掛金回収額　￥250,000

(16) 従業員に対する今月分の給料￥850,000を支払うに際し，所得税の源泉徴収分￥92,000と従業員立替分￥30,000を差し引き，現金で支払った。

(17) 従業員の給料から預かっている所得税￥92,000を現金で支払った。

	借方科目	金　額	貸方科目	金　額
(1)				
(2)				
(3)				
(4)				
(5)				
(6)				
(7)				
(8)				
(9)				
(10)				
(11)				
(12)				
(13)				
(14)				
(15)				
(16)				
(17)				

[問2] 次の取引が記入される勘定口座の①から⑥の中に勘定科目を記入しなさい。

（1） 佐賀商店に¥250,000を貸し付け，現金を渡した。なお，借用証書を受け取った。

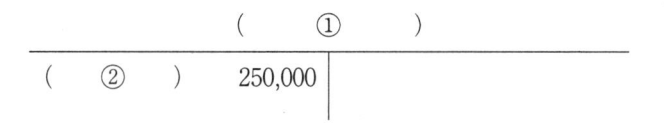

(①)	
(②) 250,000	

（2） 佐賀商店へ商品¥250,000を注文し，内金¥120,000を現金で支払った。

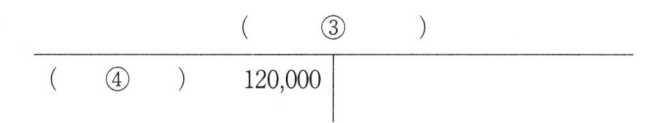

(③)	
(④) 120,000	

（3） 売買目的有価証券を¥180,000（帳簿価格¥130,000）で売却し，代金は現金で受け取った。

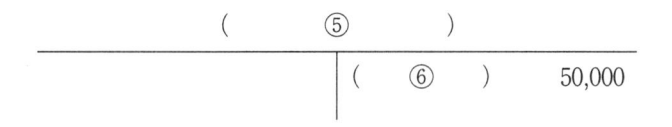

(⑤)	
	(⑥) 50,000

第6章 固定資産・引出金・税金・その他の収益および費用の処理

> **学習のポイント**
>
> 第6章は，建物，備品，車両運搬具，土地などの固定資産の取得および売却，資本の引き出し，所得税や固定資産税，第5章までに出てこなかったその他の収益および費用の処理について学習します。

1. 固定資産の取引

固定資産には，有形固定資産と無形固定資産があります。ここでは有形固定資産について取り上げます。**有形固定資産**とは，企業が長期間にわたって使用するために所有される固定資産のうち形のあるもので，建物，備品，車両運搬具，土地などがあります。

1.1 建物

店舗や事務所など営業のために使用する建物は，購入価額に登記料や仲介手数料などの付随費用を含めた取得原価で**建物** a/c の借方に記入します。

建 物	
購 入 価 額	
登記料・買入手数料	

設 例 1

次の取引の仕訳をしなさい

店舗￥2,000,000を購入し，代金は登記料￥140,000および仲介手数料￥60,000とともに小切手を振り出して支払った。

正解

借方科目	金額	貸方科目	金額
建物	2,200,000	当座預金	2,200,000

1.2 備品

パソコン，営業用金庫，ロッカー，事務用机・椅子などは，購入価額に仲介手数料，引取運賃，据付費などの付随費用を含めた取得原価で**備品**a/cの借方に記入します。

```
             備　品
    ┌─────────────────┬──
    │  購 入 価 額    │
    │                 │
    │  仲介手数料     │
    │  引取運賃など   │
```

設例2

次の取引の仕訳をしなさい

パソコン￥200,000を購入し，代金は据付費￥10,000とともに現金で支払った。

正解

借方科目	金額	貸方科目	金額
備品	210,000	現金	210,000

1.3 車両運搬具

営業用の乗用車，ライトバン，トラック，バイクなどは，購入価額に購入の際に支払う自動車取得税などの付随費用を含めた取得原価で**車両運搬具**a/cの借方に記入します。

```
            車両運搬具
    ┌─────────────────┬──
    │  購 入 価 額    │
    │                 │
    │  自動車取得税   │
    │  など           │
```

設例3

次の取引の仕訳をしなさい。
(1) 商品配達用の小型トラック¥1,000,000を購入し，頭金¥100,000は小切手を振り出して支払い，残額は10ヶ月の分割払いとした。
(2) 上記分割払いの1ヶ月分を現金で支払った。

正解

	借方科目	金額	貸方科目	金額
(1)	車両運搬具	1,000,000	当座預金 未払金	100,000 900,000
(2)	未払金	90,000	現金	90,000

1.4 建物・備品・車両運搬具の売却

建物・備品・車両運搬具について，売却を行った場合の処理は次のとおりです。帳簿価額＜売却価額の場合，差額は**固定資産売却益** a/c（または**建物売却益** a/c，**備品売却益** a/cおよび**車両運搬具売却益** a/c），帳簿価額＞売却価額の場合，差額は**固定資産売却損** a/c（または**建物売却損** a/c，**備品売却損** a/cおよび**車両運搬具売却損** a/c）で処理します。

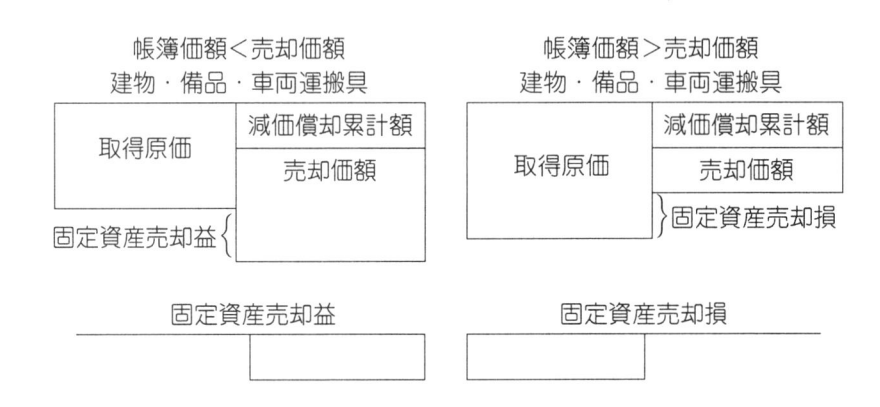

```
    帳簿価額＜売却価額              帳簿価額＞売却価額
    建物・備品・車両運搬具          建物・備品・車両運搬具
  ┌────────┬────────┐           ┌────────┬────────┐
  │        │減価償却累計額│         │        │減価償却累計額│
  │ 取得原価 ├────────┤          │ 取得原価 ├────────┤
  │        │ 売却価額 │            │        │ 売却価額 │
  └────────┴────────┘           │        ├────────┤
   固定資産売却益｛                  └────────┴────────┘固定資産売却損

       固定資産売却益                    固定資産売却損
     ┌────────────┐                 ┌────────────┐
     │            │                 │            │
     └────────────┘                 └────────────┘
```

建物・備品・車両運搬具のように，時の経過や使用により価値の減少するものを減価償却資産といいます。減価償却資産は，減価償却を行います（第8章および第9章で学習）。この場合，取得原価から**減価償却累計額**を控除したものを**帳簿価額（簿価）**といいます。

設 例 4

次の取引の仕訳をしなさい。
(1) 車両運搬具（取得原価￥500,000　減価償却累計額￥225,000）を￥300,000で売却し，代金は月末に受け取ることにした。
(2) 建物（取得原価￥1,000,000　減価償却累計額￥450,000）を￥300,000で売却し，代金は現金で受け取った。

正 解

	借方科目	金額	貸方科目	金額
(1)	減価償却累計額	225,000	車両運搬具	500,000
	未　収　金	300,000	固定資産売却益	25,000
(2)	減価償却累計額	450,000	建　　　物	1,000,000
	現　　　金	300,000		
	固定資産売却損	250,000		

1.5 土　地

店舗，事務所，倉庫などの敷地である営業用土地は，地盛り，地ならし費用，登記料などの付随費用を含めた取得原価で**土地** a/c の借方に記入します。土地を売却した場合，取得原価と売却価額の差額は，**固定資産売却損益** a/c（**土地売却損益** a/c）で処理します。

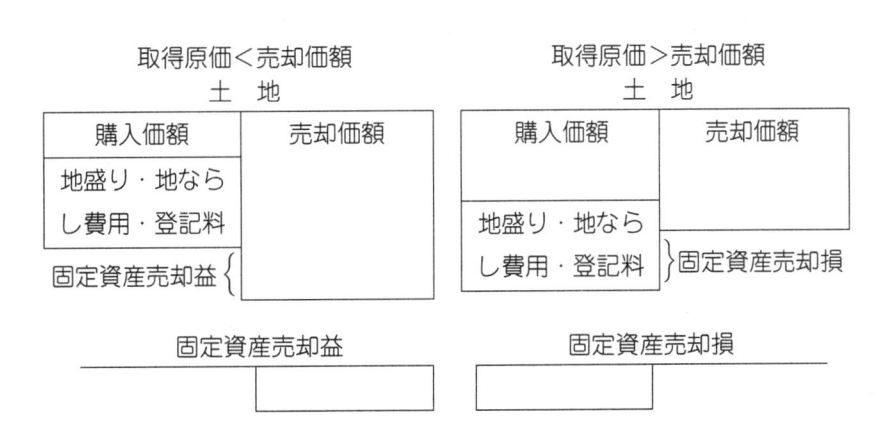

設 例 5

次の取引の仕訳をしなさい。
(1) 土地￥1,000,000を購入し，代金は登記料￥100,000とともに現金で支払った。
(2) 上記(1)の土地を￥1,500,000で売却し，代金は後日受け取ることにした。
(3) 上記(1)の土地を￥1,000,000で売却し，代金は後日受け取ることにした。

正解

	借方科目	金額	貸方科目	金額
(1)	土　　　地	1,100,000	現　　　金	1,100,000
(2)	未　収　金	1,500,000	土　　　地 固定資産売却益	1,100,000 400,000
(3)	未　収　金 固定資産売却損	1,000,000 100,000	土　　　地	1,100,000

1.6 資本の取引

個人企業においては，出資（元入れ）・追加元入れをした場合，**資本金** a/c の貸方に記入し，企業主（店主）が私用のために企業の現金や商品などを引き出す場合，資本金 a/c の借方に記入しますが，引出が頻繁に行われる場合は，資本金 a/c と区別して**引出金**a/c（資本の評価 a/c）の借方に記入します。

```
            引出金
 資本金の引出 │
```

設例6

次の取引の仕訳をしなさい。
(1) 店主が私用のため，店の現金¥30,000を引き出した。
(2) 店主が原価¥3,000の商品を私用に供した。

正解

	借方科目	金額	貸方科目	金額
(1)	引　出　金	30,000	現　　　金	30,000
(2)	引　出　金	3,000	仕　　　入	3,000

1.7 税金の取引

個人企業が納める税金には，国が課する国税（所得税，印紙税，消費税など）と地方公共団体が課する地方税（住民税，事業税，固定資産税など）があります。

これらのうち，**所得税**は，企業主個人に課せられる税金であり，所得税法上必要経費として認められていないので，引出金 a/c（または資本金 a/c）の借方に記入します。また，市町村が，土地および家屋などの固定資産に対して課する**固定資産税**は税法上費用として認められるため，**租税公課**（または**固定資産税**）a/c（費用 a/c）の借方に記入します。た

だし，それは店舗部分に対してであり，店主の住居部分は引出金a/cの借方に記入します。

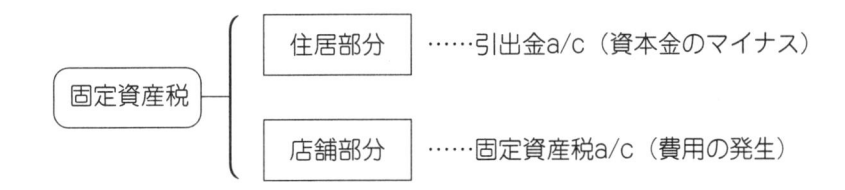

```
              ┌─ 住居部分 …… 引出金a/c（資本金のマイナス）
  固定資産税 ─┤
              └─ 店舗部分 …… 固定資産税a/c（費用の発生）
```

設 例 7

次の取引の仕訳をしなさい。
（1）当店は，店主の所得税￥5,000を支払った。
（2）当店は，店舗に対する固定資産税の第1期分￥3,000を現金で支払った。ただし，店舗部分が3分の2，住居部分が3分の1である。

正 解

	借方科目	金額	貸方科目	金額
(1)	引 出 金	5,000	現 金	5,000
(2)	固定資産税 引 出 金	2,000 1,000	現 金	3,000

1.8 その他の収益・費用の取引

収益とは財貨・用役の提供により受け取る価値，費用とは収益を得るための財貨・用役の価値の犠牲分をいいます。これらの収益および費用のいくつかは，すでに取り上げましたが，売上や仕入以外の期中取引から発生するものは，次のとおりです。

○ 収益勘定

勘定科目	内　容
受取手数料	取引の仲介などにより受け取った手数料
受取地代	土地の賃貸により受け取った地代
受取家賃	建物の賃貸により受け取った家賃
受取利息	預金や貸付金などの利息
有価証券売却益	株券や社債などの売買目的有価証券を売却して得た利益
雑益（雑収入）	営業目的と関係のない収入（空き箱の売却収入など）
固定資産売却益	建物・土地などの売却益

○ 費用勘定

勘定科目	内容
給料	従業員に対する給料・賞与の支払額
広告費	広告・宣伝のために要した費用（＝広告宣伝費 a/c）
旅費	従業員などの商用のための出張費用（＝旅費交通費 a/c）
交通費	タクシー代，バス回数券などの購入費用（＝旅費交通費 a/c）
発送費	注文品の発送に要した費用
通信費	切手，ハガキ代の郵便料金，電信電話料金
支払地代	土地を賃借し，支払った地代
支払家賃	事務所など建物を賃借し，支払った家賃
支払手数料	取引の仲介などを依頼し，支払った手数料
支払保険料	建物などの火災保険契約により支払った保険料
修繕費	建物などの修繕費
消耗品費	文房具，掃除用具など消耗品の購入費用
水道光熱費	水道料金，電力料金など
貸倒損失	売掛金などが回収不能になった場合の損失
交際費	得意先，仕入先などの慰安，贈答，接待に要した費用
租税公課	固定資産税の納付，収入印紙代，商工会議所の会費など
雑費	営業に関する少額かつ発生回数の少ない費用
支払利息	借入金などの利息
手形売却損	手形の割引の際の割引料
雑損（雑損失）	営業目的と関係のない損失
有価証券売却損	株券や社債などの売買目的有価証券を売却して被った損失
固定資産売却損	建物・土地などの売却損

設例8

次の取引の仕訳をしなさい。
(1) 商品売買の仲介手数料として，現金¥30,000を受け取った。
(2) 営業用店舗の家賃¥120,000を小切手を振り出して支払った。
(3) 取引先の従業員を接待し，現金¥30,000を支出した。
(4) 新聞の広告掲載料¥50,000を小切手を振り出して支払った。

正解

	借方科目	金額	貸方科目	金額
(1)	現　　　　　金	30,000	受 取 手 数 料	30,000
(2)	支 払 家 賃	120,000	当 座 預 金	120,000
(3)	交　際　費	30,000	現　　　　　金	30,000
(4)	広　告　費	50,000	当 座 預 金	50,000

練習問題

問1 次の取引の仕訳をしなさい。

（1）唐津事務機株式会社よりパソコン1台¥180,000とロッカー1台¥50,000を購入し，代金は月末に支払うこととした。

（2）店舗用土地を¥15,000,000で購入し，仲介手数料¥900,000とともに小切手を振り出して支払った。

（3）営業用建物¥5,000,000で購入し，代金は小切手を振り出して支払った。なお，不動産業者への手数料¥300,000は現金で支払った。

（4）不用になった備品を¥5,000で売却し，代金は月末に受け取ることにした。なお，この備品の取得原価は¥30,000，減価償却累計額のうち，この備品に対するものは¥26,000である。

（5）郵便局より切手¥8,000とはがき¥5,000を現金で買い入れた。

（6）建物に対する固定資産税¥120,000の納税通知書を受け取り，ただちに全額を現金で納付した。ただし，このうち3分の1は店主の住宅部分に対するものである。

（7）1ヶ月分の水道料・電気代¥18,000が普通預金口座より引き落とされた。ただし，このうち3分の1は店主の住宅部分に対するものである。

（8）佐賀商店は広告宣伝用ポスターを作成し，代金¥500,000は月末に支払うことにした。

（9）店主の所得税¥250,000と生命保険料¥25,000を現金で支払った。

（10）店主が原価¥50,000の商品を自家消費した。

	借方科目	金　額	貸方科目	金　額
（1）				
（2）				
（3）				
（4）				
（5）				
（6）				
（7）				
（8）				

(9)				
(10)				

問2 次の取引が記入される勘定口座の①から⑦の中に勘定科目を記入しなさい。

(1) 今月分の電話料￥12,500が当座預金口座より引落とされた。

```
            (      ①      )
─────────────────────────────
(    ②    )  12,500  │
```

(2) 佐大モータ商会より営業用ライトバン￥1,200,000を購入し、頭金￥200,000を現金で支払い、残額は10回払いとした。

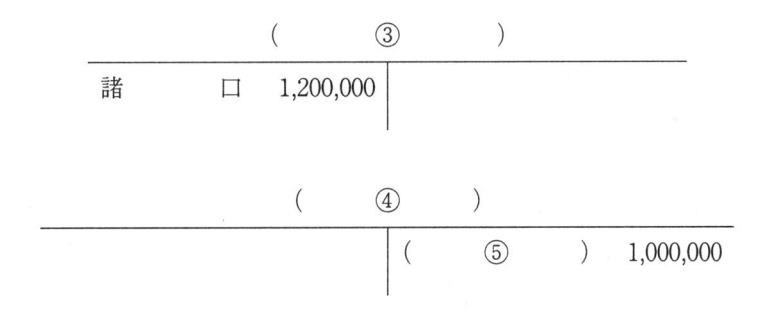

```
            (      ③      )
─────────────────────────────
諸    口  1,200,000  │

            (      ④      )
─────────────────────────────
                    │  (    ⑤    )  1,000,000
```

(3) 愛媛商店より仲介手数料￥50,000を現金で受け取った。

```
            (      ⑥      )
─────────────────────────────
(    ⑦    )  50,000  │
```

第7章 試算表の作成

> **学習のポイント**
>
> 　第1章では，決算予備手続きにおいて，仕訳帳から元帳への転記が間違いないかどうかを検証する合計残高試算表について学習しましたが，第7章では試算表の作成について詳しく学習します。月次合計試算表は，毎月合計試算表を作成します。つまり，第1章では，取引 → 仕訳帳 → 元帳 → 合計残高試算表と1年をサイクルで処理をしましたが，月次合計試算表では，取引 → 仕訳帳 → 元帳 → 合計試算表を月別に処理し，それを12ヶ月合計して1年の合計試算表を作成します。また，合計試算表の借方金額と貸方金額を相殺すれば，残高試算表ができあがります。さらに，合計残高試算表の作成について学習します。

1．月次合計試算表の作成

　月次合計試算表は，次の図のように毎月作成します。手作業の場合は面倒で手数がかかりますが，1ヶ月ごとの資産，負債，資本，収益および費用が概観でき，経営管理上非常に有用です。1月から12月の各月の月次合計試算表を合計すれば，1年分の合計試算表ができあがります。

勘定科目	1月		2月		………	12月	
	借方	貸方	借方	貸方	………	借方	貸方
					………		

　ここでは，その月の26日から月末までの取引を提示し，それらの取引高を月次合計試算表に記入するとともに，月初から25日までの取引高と合計し，合計試算表を作成します。なお，月次合計試算表に月次残高試算表を追加して月次合計残高試算表を作成することができます。

設例1

次の各取引を月次合計試算表の（Ⅱ）の取引額にその金額を記入し，（Ⅲ）の合計試算表を完成させなさい（ただし，引出金勘定は使用しない）。

<u>10月26日から31日までの取引</u>

26日	商品掛仕入高	¥4,350	29日	商品掛売上返品高	¥ 170
27日	当座預金引出高（現金）	860	30日	店主私用引出高（現金）	150
28日	商品掛売上高	5,480	31日	営業費支払高（現金）	740
〃日	買掛金支払高（小切手振り出し）	4,150	〃日	売掛金回収高（約束手形受け入れ）	6,000

正解

月 次 合 計 試 算 表

勘定科目	（Ⅰ）25日までの取引高 借方	貸方	（Ⅱ）26日から31日までの取引高 借方	貸方	（Ⅲ）合計試算表 借方	貸方
現　　　　金	2,650	870	860	890	3,510	1,760
当 座 預 金	20,310	12,130		5,010	20,310	17,140
受 取 手 形	9,630	5,760	6,000		15,630	5,760
売　掛　金	11,250	4,920	5,480	6,170	16,730	11,090
繰 越 商 品	1,940				1,940	
買　掛　金	3,730	11,280	4,150	4,350	7,880	15,630
資　本　金		12,000	150		150	12,000
売　　　　上		24,520	170	5,480	170	30,000
仕　　　　入	18,070	340	4,350		22,420	340
営　業　費	4,240		740		4,980	
	71,820	71,820	21,900	21,900	93,720	93,720

[ヒント] 仕訳を示すと次のようになります。

	借方科目	金 額	貸方科目	金 額
26日	仕　　　　入	4,350	買　　掛　　金	4,350
27日	現　　　　金	860	当　座　預　金	860
28日	売　　掛　　金	5,480	売　　　　上	5,480
〃日	買　　掛　　金	4,150	当　座　預　金	4,150
29日	売　　　　上	170	売　　掛　　金	170
30日	資　　本　　金	150	現　　　　金	150
31日	営　　業　　費	740	現　　　　金	740
〃日	受　取　手　形	6,000	売　　掛　　金	6,000

2．合計残高試算表の作成

　日本商工会議所簿記検定試験3級の試算表作成問題は，一定期間の合計試算表をもとに，残りの期間の諸取引を掲げ，合計残高試算表を作成させるとともに，**売掛金明細表**と**買掛金明細表**を完成させるパターンが一般的です。問題解法の手順は，諸取引の仕訳をし，合計試算表の各勘定の借方と貸方を合計し合計残高試算表の借方合計と貸方合計を計算し，その差額を借方残高と貸方残高に記入することになります。

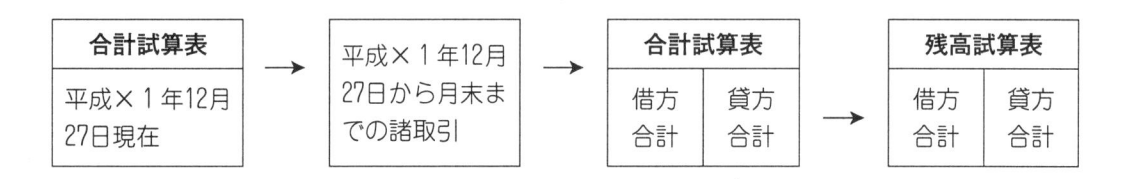

```
┌──────────┐    ┌──────────┐    ┌──────────┐    ┌──────────┐
│ 合計試算表  │    │平成×1年12月│    │ 合計試算表  │    │ 残高試算表  │
│平成×1年12月│ →  │27日から月末│ →  │借方  貸方  │ →  │借方  貸方  │
│27日現在    │    │までの諸取引│    │合計  合計  │    │合計  合計  │
└──────────┘    └──────────┘    └──────────┘    └──────────┘
```

　売掛金明細表と買掛金明細表は，諸取引の仕訳をする際にどこの商店の売掛金または買掛金が増減したかをメモして計算するか，各商店ごとにT字勘定を設けて記入します。

設例2

平成○年12月27日現在の売掛金の借方合計￥4,500および貸方合計￥1,300で,買掛金の借方合計￥1,800および貸方合計￥540である。次の諸取引をもとに売掛金明細表と買掛金明細表を作成しなさい。

平成○年12月27日から月末までの諸取引
- 28日　本日売上：現金￥200,掛（沖縄商店）￥300
  - 本日仕入：掛（福岡商店）￥350,掛（熊本商店）￥200
- 29日　当座預金への入金：売掛金（沖縄商店）￥250の回収
- 30日　本日売上：現金￥150,掛（大分商店）￥260
  - 本日仕入：掛（福岡商店）￥180
  - 小切手振出し：買掛金（熊本商店）￥500
  - 手形受入れ：売掛金につき,大分商店から￥1,000の約束手形を受け取る。
  - 手形振出し：買掛金につき,福岡商店へ￥500の約束手形を振り出す。

売 掛 金 明 細 表

	12月27日	12月31日
沖縄商店	￥ 1,400	￥
大分商店	1,800	
	￥ 3,200	￥

買 掛 金 明 細 表

	12月27日	12月31日
福岡商店	￥ 460	￥
熊本商店	800	
	￥ 1,260	￥

正 解

売 掛 金 明 細 表

	12月27日	12月31日
沖縄商店	￥ 1,400	￥ 1,450
大分商店	1,800	1,060
	￥ 3,200	￥ 2,510

買 掛 金 明 細 表

	12月27日	12月31日
福岡商店	￥ 460	￥ 490
熊本商店	800	500
	￥ 1,260	￥ 990

仕訳および各商店の売掛金と買掛金の増減は，次のとおりです。

	借方科目	金　額	貸方科目	金　額
28日	現　　　　　金 売　　掛　　金 仕　　　　　入	200 300 550	売　　　　　上 買　　掛　　金	500 550
29日	当　座　預　金	250	売　　掛　　金	250
30日	現　　　　　金 売　　掛　　金 仕　　　　　入 買　　掛　　金 受　取　手　形 買　　掛　　金	150 260 180 500 1,000 500	売　　　　　上 買　　掛　　金 当　座　預　金 売　　掛　　金 支　払　手　形	410 180 500 1,000 500

売　掛　金　明　細　表

沖縄商店

12月27日	1,400	12月29日	250
12月28日	300		

大分商店

12月27日	1,800	12月30日	1,000
12月30日	260		

買　掛　金　明　細　表

福岡商店

12月30日	500	12月27日	460
		12月28日	350
		12月30日	180

熊本商店

12月30日	500	12月27日	800
		12月28日	200

以上から，各商店の12月31日の残高を求めることができます。

練習問題

問1 次の各取引を月次合計試算表の（Ⅱ）の取引欄にその金額を記入し，（Ⅲ）の合計試算表を完成しなさい。

10月24日から31日までの取引

24日	営業支払高（現金）	¥ 73,500
〃日	商品掛売上高	¥ 588,000
25日	当座預金引出高（現金）	¥ 380,000
〃日	商品掛仕入高	¥ 703,500
26日	貸付金の回収高（当座預金）	¥ 600,000
〃日	利息受取高（当座預金）	¥ 9,000
27日	商品掛売上高	¥ 756,000
〃日	商品掛売上値引高	¥ 16,000
28日	商品掛売上返品高	¥ 28,400
〃日	買掛金支払高（当座預金）	¥ 436,000
29日	商品現金仕入高	¥ 283,500
30日	売掛金回収高（現金）	¥ 395,000
31日	店主私用引出高（現金）	¥ 80,000

月 次 合 計 試 算 表

勘定科目	（Ⅰ）23日までの取引高 借方	（Ⅰ）23日までの取引高 貸方	（Ⅱ）24日から31日までの取引高 借方	（Ⅱ）24日から31日までの取引高 貸方	（Ⅲ）合計試算表 借方	（Ⅲ）合計試算表 貸方
現　　　　金	1,489,500	517,400				
当 座 預 金	4,892,000	1,996,500				
売 　掛 　金	4,126,000	2,429,000				
貸 　付 　金	900,000					
繰 越 商 品	786,000					
備　　　　品	620,000					
買 　掛 　金	929,000	3,993,400				
資 　本 　金		4,010,000				
売　　　　上		5,396,700				
受 取 利 息		6,400				
仕　　　　入	4,462,000	75,000				
営 　業 　費	219,900					
	18,424,400	18,424,400				

[問2] 次の合計試算表（A）と諸取引（B）に基づいて，10月31日現在の合計残高試算表を作成しなさい。

(A) 平成○年10月27日現在の合計試算表

	借　方	貸　方
現　　　　　金	¥ 480	¥ 240
当　座　預　金	9,540	3,900
受　取　手　形	5,160	2,400
売　　掛　　金	6,120	1,980
繰　越　商　品	1,800	
備　　　　　品	1,560	
建　　　　　物	5,400	
支　払　手　形	3,000	5,640
買　　掛　　金	960	3,420
資　　本　　金		12,000
売　　　　　上		12,240
受　取　利　息		360
仕　　　　　入	7,200	
給　　　　　料	780	
消　耗　品　費	96	
交　　通　　費	36	
手　形　売　却　損	48	
	¥ 42,180	¥ 42,180

(B) 平成○年10月28日から月末までの取引

10月28日　本日売上：現金¥200　掛（札幌商店）¥300
　　　　　　本日仕入：掛（金沢商店）¥550　掛（名古屋商店）¥200
　　29日　本日売上：現金¥400　掛（秋田商店）¥250
　　　　　　小切手振出し：備品購入¥800　買掛金支払（大阪商店）¥600
　　　　　　現金支払い：交通費¥40　文房具費¥50
　　　　　　当座預金への入金：手形¥1,200の取立て。売掛金（札幌商店）¥250回収
　　30日　本日売上：現金¥150　掛（仙台商店）¥260
　　　　　　本日仕入：掛（金沢商店）¥180
　　　　　　小切手振出し：買掛金（名古屋商店）¥500　給料支払い¥320
　　　　　　手形受入れ：売掛金につき，仙台商店から¥1,000，秋田商店から¥500の約束手形
　　　　　　　　　　　をそれぞれ受け取る。
　　　　　　手形振出し：買掛金につき，金沢商店へ¥500の約束手形を振り出す。

31日　本日売上：現金 ¥60

　　　手形割引：手持ちの手形¥1,000を銀行で割り引き，割引料¥50を差し引かれ，手取額を当座預金とする。

　　　商品値引：29日に掛売りした商品につき不良品があったため，代金のうち¥30を値引きした。

合 計 残 高 試 算 表
平成○年10月31日

残 高	合 計	勘定科目	合 計	残 高
		現　　　　　金		
		当 座 預 金		
		受 取 手 形		
		売 掛 金		
		繰 越 商 品		
		備　　　　　品		
		建　　　　　物		
		支 払 手 形		
		買 掛 金		
		資 本 金		
		売　　　　　上		
		受 取 利 息		
		仕　　　　　入		
		給　　　　　料		
		消 耗 品 費		
		交 通 費		
		手 形 売 却 損		

売 掛 金 明 細 表

	12月27日	12月31日
札幌商店	¥ 1,400	¥
仙台商店	1,800	
秋田商店	940	
	¥ 4,140	¥

買 掛 金 明 細 表

	12月27日	12月31日
金沢商店	¥ 460	¥
名古屋商店	800	
大阪商店	1,200	
	¥ 2,460	¥

問3 次の合計試算表（A）と諸取引（B）に基づいて，月末の合計残高試算表と売掛金および買掛金の各明細表を作成しなさい。

(A) 平成〇年10月25日現在の合計試算表

	借　方	貸　方
現　　　　　金	404,000	365,000
当　座　預　金	700,000	500,000
受　取　手　形	900,000	490,000
売　　掛　　金	715,000	350,000
繰　越　商　品	550,000	
備　　　　　品	100,000	
支　払　手　形	500,000	700,000
買　　掛　　金	240,000	610,000
資　　本　　金		1,000,000
売　　　　　上	30,000	802,000
仕　　　　　入	590,000	50,000
給　　　　　料	80,000	
支　払　家　賃	35,000	
雑　　　　　費	23,000	
	4,867,000	4,867,000

(B) 平成〇年10月26日から31日までの取引

10月26日　売　　　　　上：現金￥20,000　掛（信越商店）￥50,000
　　　　　仕　　　　　入：掛（九州商店）￥40,000
　　　　　売掛金の回収（いずれも先方振り出しの約束手形を受け取った）
　　　　　　　　　　　：東京商店￥80,000　信越商店￥100,000
　　27日　売　　　　　上：現金￥15,000　掛（北陸商店）￥100,000
　　　　　仕　　　　　入：掛（四国商店）￥70,000
　　　　　買掛金の支払い（いずれも約束手形を振り出した）
　　　　　　　　　　　：関西商店￥80,000　九州商店￥60,000
　　28日　売　　　　　上：現金￥8,000　掛（東京商店）￥30,000
　　　　　仕　　　　　入：掛（関西商店）￥15,000
　　　　　給料の支払い：現金￥30,000
　　29日　売　　　　　上：現金￥5,000
　　　　　家賃の支払い：小切手￥15,000を振り出す。
　　　　　手形の決済：手形代金￥450,000を受け取り，当座預金に預け入れた。
　　30日　売　　　　　上：現金￥8,000

仕　　　　　入：掛（四国商店）¥30,000
値　　　　　引：28日に東京商店に売上げた商品につき¥3,000の値引きをした。
雑 費 の 支 払 い：現金¥7,000
31日　売　　　　　上：現金¥13,000
　　　返　　　　　品：27日に四国商店から仕入れた商品のうち¥10,000を返品した。
　　　手 形 の 決 済：手形代金¥250,000を当座預金から支払った。

合　計　残　高　試　算　表

残　高	合　計	勘定科目	合　計	残　高
		現　　　　　金		
		当　座　預　金		
		受　取　手　形		
		売　　掛　　金		
		繰　越　商　品		
		備　　　　　品		
		支　払　手　形		
		買　　掛　　金		
		資　　本　　金		
		売　　　　　上		
		仕　　　　　入		
		給　　　　　料		
		支　払　家　賃		
		雑　　　　　費		

売　掛　金　明　細　表

	10月25日	10月31日
東 京 商 店	¥ 100,000	¥
信 越 商 店	210,000	
北 陸 商 店	55,000	
	¥ 365,000	¥

買　掛　金　明　細　表

	10月25日	10月31日
関 西 商 店	¥ 180,000	¥
四 国 商 店	100,000	
九 州 商 店	90,000	
	¥ 370,000	¥

第8章 精算表，貸借対照表および損益計算書（1）

> **学習のポイント**
>
> 　第8章では，決算整理仕訳を行い，精算表（8欄），貸借対照表（B/S）および損益計算書（P/L）の作成について学習します。本章で取り扱う決算整理事項は，（1）売上原価の計算，（2）貸倒れの見積り，（3）減価償却費の計上，（4）引出金の整理，および（5）現金過不足の処理です。決算整理のプロセスは次のとおりです。
>
> ```
> ……→ 試算表の作成 → 決算整理 → 精算表の作成 → B/Sの作成
>                          │                    → P/Lの作成
>                        棚卸表
>                          │
>                          ├（1）売上原価の計算（仕入 a/c で計算）
>                          ├（2）貸倒れの見積り
>                          ├（3）減価償却費の計上（定額法・直接法）
>                          ├（4）引出金の整理
>                          └（5）現金過不足の処理
> ```
>
> 　第8章では，上記の決算整理事項ごとに仕訳，元帳への転記，元帳の締め切り，精算表への記入について説明をします。なお，個人企業の会計期間は1月1日から12月31日までの1年間で，12月31日が決算日となります。

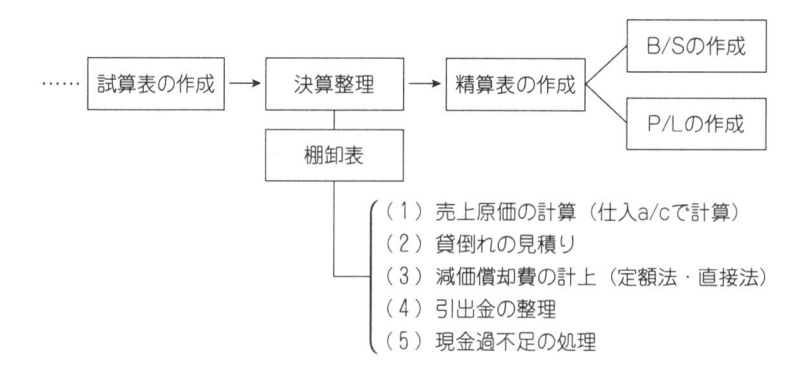

1．売上原価の計算

　3分法では，商品 a/c を売上 a/c，仕入 a/c および繰越商品 a/c に分割して処理をします。この場合，売り上げのつど利益は計上されませんので，期末に仕入 a/c において売上原価を求める必要があります。つまり，期首棚卸商品と当期の純仕入高を合算し，そこから期末棚卸商品（期末の売れ残り商品）を差し引けば，**売上原価**を求めることができます。また，売上高から売上原価を差し引くと**売上総利益**を求めることができます。

```
    繰越商品                          仕    入
┌─────────┬─────────┐       ┌─────────┬─────────┐
│期首棚卸高│仕入a/cへ │       │当期純仕入高│期末棚卸高│
├─────────┼─────────┤       ├─────────┼─────────┤
│仕入a/cから│期末棚卸高│       │期首棚卸高 │ 売上原価 │→損益a/cへ
│         │(次期繰越)│       │          │         │
└─────────┴─────────┘       └─────────┴─────────┘
```

決算整理仕訳は，次のようになります。
・売上原価の計算の仕訳（仕入 a/c で計算）→期首商品棚卸高を仕入 a/c にプラスし，期末商品棚卸高を仕入 a/c からマイナスします。

（借）仕　　　入　×××　（貸）繰越商品　×××
（借）繰越商品　×××　（貸）仕　　　入　×××

・仕入 a/c の売上原価と売上 a/c の売上高は，損益 a/c に振り替えます。第1章を参照してください。

（借）損　　　益　×××　（貸）仕　　　入　×××
（借）売　　　上　×××　（貸）損　　　益　×××

設 例 1

決算日（12／31）に下記の商品に関する3分割a/cから，決算整理仕訳，損益a/cへの振替仕訳を行い，元帳に転記しなさい（締め切る必要はない）。なお，期末商品棚卸高は¥40,000である。

```
              繰　越　商　品
─────────────────────────────────────
1／1　前　期　繰　越　　35,000 │
                               │

                 仕　　　　入
─────────────────────────────────────
                      300,000 │            5,000

                 売　　　　上
─────────────────────────────────────
                        4,000 │          350,000
```

正解

・決算整理仕訳

借方科目	金　額	貸方科目	金　額
仕　　　入	35,000	繰　越　商　品	35,000
繰　越　商　品	40,000	仕　　　入	40,000

・損益 a/c への振替仕訳

借方科目	金　額	貸方科目	金　額
損　　　益	290,000	仕　　　入	290,000
売　　　上	346,000	損　　　益	346,000

繰　越　商　品

1／1	前　期　繰　越	35,000	12／31 仕　　　入	35,000
12／31	仕　　　入	40,000	〃　　次　期　繰　越	**40,000**

仕　　　入

		300,000	5,000
12／31	繰　越　商　品	35,000	12／31 繰　越　商　品 40,000
			〃　　損　　　益 290,000

売　　　上

		4,000	350,000
12／31	損　　　益	346,000	

損　　　益

12／31	仕　　　入	290,000	12／31 売　　　上　346,000

売上原価計算のための精算表の記入は，次のとおりです。

精　算　表

勘定科目	残高試算表 借方	残高試算表 貸方	整理記入 借方	整理記入 貸方	損益計算書 借方	損益計算書 貸方	貸借対照表 借方	貸借対照表 貸方
繰越商品	35,000		40,000	35,000			40,000	
仕　　入	295,000		35,000	40,000	290,000			

残高試算表欄の繰越商品¥35,000は，期首商品棚卸高です。整理記入欄は決算整理仕訳に基づき記入します。期首商品棚卸高¥35,000は，繰越商品の行の整理記入欄の貸方に記入し¥0にすると同時に，仕入の行の整理記入欄の借方に記入し当期純仕入高¥295,000に加算します。期末商品棚卸高¥40,000は決算時に倉庫にある商品ですから，繰越商品の行の整理記入欄の借方に記入すると同時に仕入の行の整理記入欄の貸方に記入します。これら整理の結果として，繰越商品の行のB/S欄の借方に¥40,000を記入し，仕入行のP/L欄の借方に売上原価を計算（¥35,000＋¥295,000－¥40,000）し，その金額¥290,000を記入します。

なお，期末商品棚卸高は，貸借対照表においては繰越商品ではなく，商品として表示します。

貸 借 対 照 表

商　　　品	40,000	

2．貸倒れの見積り

企業は，決算日に期末の売掛金や受取手形などの売上債権に対して，その回収不能（貸倒れ）の見積りをします。この場合，売掛金などの期末残高に貸倒率を乗じて貸倒見積額を計算します。そして，そこから貸倒引当金の期末残高を差し引いて当期の費用（または収益）を計算します。これを差額補充法といいます。貸倒れの見積りに際しては，期末貸倒見積額＞期末貸倒引当金残高の場合，その差額を**貸倒引当金繰入**a/c（費用a/c）と貸倒引当金a/c（負債a/c）を用いて処理します。期末貸倒見積額＜期末貸倒引当金残高の場合，その差額を貸倒引当金a/cと**貸倒引当金戻入**a/c（収益a/c）で処理します。

期末貸倒見積額＞期末貸倒引当金残高の場合

```
        貸倒引当金繰入                      貸倒引当金
  ┌──────────┬──────────┐        ┌──────────┬──────────┐
  │ 当期費用計上 │ 損益a/cへ │        │          │  期末残高  │
  └──────────┴──────────┘  貸倒見積額│          ├──────────┤
                                      │          │ 当期費用計上│
                                      └──────────┴──────────┘
```

（借）貸倒引当金繰入　×××　　（貸）貸 倒 引 当 金　×××

期末貸倒見積額＜期末貸倒引当金残高の場合

```
        貸倒引当金戻入                      貸倒引当金
  ┌──────────┬──────────┐        ┌──────────┬──────────┐
  │ 損益a/cへ │ 当期戻し入れ│        │当期戻し入れ│  期末残高  │
  └──────────┴──────────┘        ├──────────┤          │
                                貸倒見積額│          │          │
                                      └──────────┴──────────┘
```

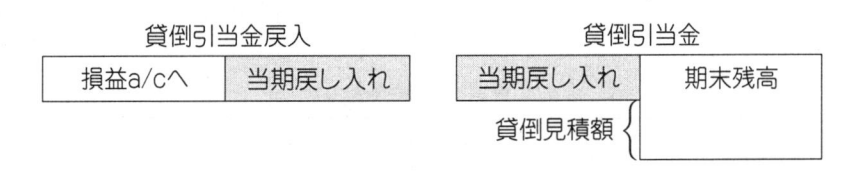

(借)貸 倒 引 当 金　×××　（貸）貸倒引当金戻入　×××

設 例 2

決算日（12／31）に下記の売掛金 a/c の期末残高に対して，3％の貸倒れを見積った。決算整理仕訳，損益 a/c への振替仕訳を行い，元帳に転記しなさい（締め切る必要はない）。

```
          売    掛    金
            90,000  |
```

```
          貸 倒 引 当 金
                    |  1,500
```

正 解

・決算整理仕訳

借方科目	金　額	貸方科目	金　額
貸倒引当金繰入	1,200	貸 倒 引 当 金	1,200

・損益 a/c への振替仕訳

借方科目	金　額	貸方科目	金　額
損　　　益	1,200	貸倒引当金繰入	1,200

当期の貸倒引当金繰入は，（￥90,000×3％）－￥1,500＝￥1,200と計算します。

```
              売    掛    金
                90,000 | 12／31  次 期 繰 越   90,000
```

```
              貸 倒 引 当 金
12／31  次 期 繰 越   2,700 |                      1,500
                            | 12／31  貸倒引当金繰入  1,200
```

```
              貸倒引当金繰入
12／31  貸 倒 引 当 金  1,200 | 12／31  損      益   1,200
```

損　　益

12／31	貸倒引当金繰入　1,200	

精算表の記入は，次のとおりです。

精　算　表

勘定科目	残高試算表		整理記入		損益計算書		貸借対照表	
	借方	貸方	借方	貸方	借方	貸方	借方	貸方
売　掛　金	90,000						90,000	
貸倒引当金		1,500		1,200				2,700
貸倒引当金繰入			1,200		1,200			

　売掛金¥90,000の3％の¥2,700から貸倒引当金残高¥1,500を差し引いた¥1,200の当期繰入額を貸倒引当金繰入の行を設けて，その整理記入欄の借方に記入します。そして，貸倒引当金の行の整理記入欄の貸方に同額を記入します。これら整理の結果として，貸倒引当金の行のB/S欄の貸方に¥2,700（¥1,500＋¥1,200）を記入します。貸倒引当金繰入の行は，整理記入欄の借方¥1,200をP/L欄の借方に記入します。

　貸倒引当金a/cは評価a/cといわれ，貸借対照表では売掛金などから控除する形式で表示します。

貸　借　対　照　表

売　掛　金	90,000		
貸倒引当金	2,700	87,300	

設例3

　［設例2］と同様の売掛金a/cと貸倒引当金a/cの期末残高により，売掛金a/c残高の1％の貸倒れを見積った場合の決算整理仕訳，損益a/cへの振替仕訳を行い，元帳に転記しなさい（締め切る必要はない）。ただし，売掛金a/cと損益a/cは省略する。

正解

・決算整理仕訳

借方科目	金　額	貸方科目	金　額
貸倒引当金	600	貸倒引当金戻入	600

・損益 a/c への振替仕訳

借方科目	金　額	貸方科目	金　額
貸倒引当金戻入	600	損　　　益	600

当期の貸倒引当金戻入は，¥1,500 －（¥90,000 × 1％）＝ ¥600 です。

貸 倒 引 当 金

12/31	貸倒引当金戻入	600			1,500
〃	次　期　繰　越	900			

貸倒引当金戻入

			12/31	貸 倒 引 当 金	600

精算表の記入は，次のとおりです。

精　算　表

勘定科目	残高試算表		整理記入		損益計算書		貸借対照表	
	借方	貸方	借方	貸方	借方	貸方	借方	貸方
売　掛　金	90,000						90,000	
貸倒引当金		1,500	600					900
貸倒引当金戻入				600		600		

　貸倒引当金残高 ¥1,500 から売掛金 ¥90,000 の 1％の ¥900 を差し引いた ¥600 の当期戻入額を貸倒引当金戻入の行を設けて，その整理記入欄の貸方に記入します。そして，貸倒引当金の行の借方に同額を記入します。これら整理の結果として，貸倒引当金の行の B/S 欄の貸方に ¥900（¥1,500 － ¥600）を記入します。貸倒引当金戻入の行は，整理記入欄の貸方 ¥600 を P/L 欄の貸方に記入します。

　期中取引において，売掛金などに貸倒れが発生した場合，その発生額が貸倒引当金の設定範囲内であれば貸倒引当金 a/c の借方に記入し，逆に貸倒引当金の設定範囲を超えればその差額は **貸倒損失** a/c（費用 a/c）で処理します。

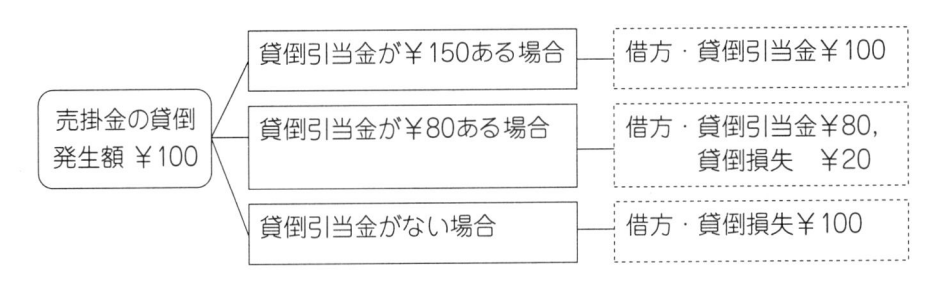

```
                    ┌─ 貸倒引当金が ¥150 ある場合 ── 借方・貸倒引当金 ¥100
売掛金の貸倒         │
発生額 ¥100 ────────┼─ 貸倒引当金が ¥80 ある場合 ─── 借方・貸倒引当金 ¥80,
                    │                                        貸倒損失　 ¥20
                    └─ 貸倒引当金がない場合 ────── 借方・貸倒損失 ¥100
```

設例 4

期中に得意先X商店に対する売掛金￥250,000が同店倒産のため貸倒れになった。次のケースの仕訳をしなさい。
(1) 貸倒引当金が￥250,000設定されていた。
(2) 貸倒引当金が￥50,000設定されていた。
(3) 貸倒引当金が設定されていなかった。

正解

	借方科目	金額	貸方科目	金額
(1)	貸倒引当金	250,000	売掛金	250,000
(2)	貸倒引当金 貸倒損失	50,000 200,000	売掛金	250,000
(3)	貸倒損失	250,000	売掛金	250,000

3．減価償却費の計上

建物などの固定資産は，時の経過や使用により価値が少しずつ減少します。この場合の価値の減少を**減価償却**といい，**減価償却費** a/c（費用 a/c）で処理します。減価償却費の計算は，**定額法**と**定率法**（第9章で学習）があります。定額法は，次の算式により求めます。

$$減価償却費 = （取得原価 - 残存価額） \times \frac{1}{耐用年数}$$

設例 5

取得原価￥1,000,000，残存価額 取得原価の10％，耐用年数10年の建物の減価償却費を定額法で計算しなさい（1年分）。

正解

｛￥1,000,000－（￥1,000,000×10％）｝×1年／10年＝￥90,000

もし，会計期間の途中で建物を取得した場合には，（取得した月から12月までの期間／12ヶ月）を乗じます。

減価償却の当期計上額は，当該資産から控除します。これを**直接法**といいます。

減価償却費		
当期計上額	損益a/cへ	

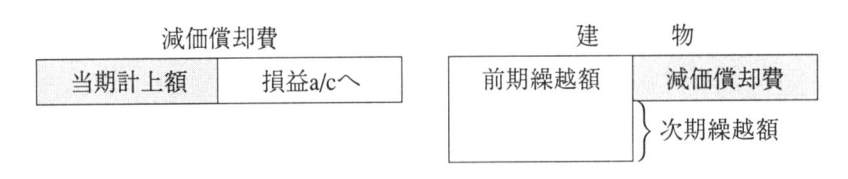

建　物		
前期繰越額	減価償却費
	次期繰越額

（借）減価償却費　×××　（貸）建　　物　×××

設例6

決算日（12/31）に下記の建物 a/c に対して，¥90,000の減価償却費を計上した（直接法による）。決算整理仕訳，損益 a/c への振替仕訳を行い，元帳に転記しなさい（締め切る必要はない）。

建　物	
1,000,000	

正　解

・決算整理仕訳

借方科目	金　額	貸方科目	金　額
減 価 償 却 費	90,000	建　　　　物	90,000

・損益 a/c への振替仕訳

借方科目	金　額	貸方科目	金　額
損　　　　益	90,000	減 価 償 却 費	90,000

建　物

	1,000,000	12/31　減 価 償 却 費	90,000
		〃　　次　期　繰　越	910,000

減 価 償 却 費

12/31　建　　　　物	90,000	12/31　損　　　　益	90,000

損　益

12/31　減 価 償 却 費	90,000		

精算表の記入は，次のとおりです。

精　算　表

勘定科目	残高試算表 借方	残高試算表 貸方	整理記入 借方	整理記入 貸方	損益計算書 借方	損益計算書 貸方	貸借対照表 借方	貸借対照表 貸方
建　物	1,000,000			90,000			910,000	
減価償却費			90,000		90,000			

　減価償却の当期計上額¥90,000は，減価償却費の行を設けて，その整理記入欄の借方に記入すると同時に，直接法ですから建物の行の整理記入欄の貸方に¥90,000を記入します。これら整理の結果として，建物の行のB/S欄の借方に¥910,000（¥1,000,000－¥90,000）を記入します。減価償却費の行は，整理記入欄の借方¥90,000をP/L欄の借方に記入します。

4．引出金の整理

　店主が店の現金などを引き出した場合（私用で使った場合）は，資本金a/cの借方に計上します。しかし，引き出しが頻繁に行われる場合は，引出金a/cの借方に記入し，決算日に資本金a/cに振り替えます。

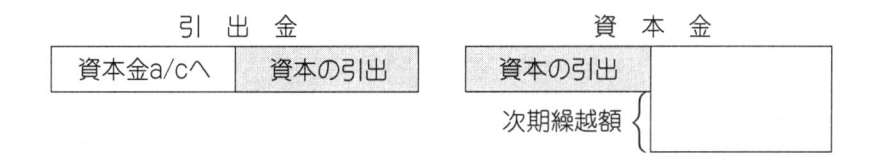

引　出　金	
資本の引出	資本金a/cへ

資　本　金	
	資本の引出
	次期繰越額

　（借）資　本　金　×××　（貸）引　出　金　×××

設　例 7

　決算日（12／31）に下記の引出金a/cを資本金a/cに振り替えた。決算整理仕訳を行い，元帳に転記しなさい（締め切る必要はない）。

引　出　金

10,000 |

資　本　金

| 500,000

正解

・決算整理仕訳

借方科目	金 額	貸方科目	金 額
資 本 金	10,000	引 出 金	10,000

```
               引   出   金
                10,000 │ 12/31  資  本  金   10,000
```

```
               資   本   金
   12/31 引 出 金  10,000 │              500,000
```

（注）当期純利益が不明なので，次期繰越は計上していません。

精算表の記入は，次のとおりです。

精 算 表

勘定科目	残高試算表 借方	残高試算表 貸方	整理記入 借方	整理記入 貸方	損益計算書 借方	損益計算書 貸方	貸借対照表 借方	貸借対照表 貸方
資 本 金		500,000	10,000					490,000
引 出 金	10,000			10,000				

　資本金の行は，残高試算表欄の貸方￥500,000から整理記入欄の借方￥10,000を差し引き，B/S欄の貸方に￥490,000を記入します。引出金の行は，残高試算表欄の借方￥10,000は整理記入欄の貸方￥10,000によって相殺され，￥0となります。

5．現金過不足の処理

　現金過不足の処理は，第2章で取り上げました。精算表の問題では，残高試算表の現金a/cの期末残高と実際残高を比較して，その差額を処理します。残高試算表の現金a/cの期末残高＞実際残高で原因不明の場合，**雑損（雑損失）** a/cで処理し，残高試算表の現金a/cの期末残高＜実際残高で原因不明の場合，**雑益（雑収入）** a/cで処理します。
　また，決算時点までその原因が明らかにされなかった現金過不足があった場合，それが借方残であれば，雑損（雑損失）a/cへ，貸方残であれば雑益（雑収入）a/cへ振り替えます。

　（1）　現金実際有高は￥200,000で，その差額の原因は不明である場合の仕訳と精算表の記入は，次のとおりです。

決算整理仕訳
（借）雑　　　損　10,000　（貸）現　　　金　10,000

精　算　表

勘定科目	残高試算表 借方	残高試算表 貸方	整理記入 借方	整理記入 貸方	損益計算書 借方	損益計算書 貸方	貸借対照表 借方	貸借対照表 貸方
現　　金	210,000			10,000			200,000	
雑　　損			10,000		10,000			

　現金の行は，残高試算表欄の借方¥210,000から整理記入欄の貸方¥10,000を差し引き，B/S欄の借方に¥200,000を記入します。雑損の行は，整理記入欄の借方に¥10,000を記入し，P/L欄の借方に¥10,000を記入します。

（2）　現金実際有高は¥220,000で，その差額の原因は不明である場合の仕訳と精算表の記入は，次のとおりである。

決算整理仕訳
（借）現　　　金　10,000　（貸）雑　　　益　10,000

精　算　表

勘定科目	残高試算表 借方	残高試算表 貸方	整理記入 借方	整理記入 貸方	損益計算書 借方	損益計算書 貸方	貸借対照表 借方	貸借対照表 貸方
現　　金	210,000		10,000				220,000	
雑　　益				10,000		10,000		

　現金の行は，残高試算表欄の借方¥210,000に整理記入欄の借方¥10,000を加算し，B/S欄の借方に¥220,000を記入します。雑益の行は，整理記入欄の貸方に¥10,000を記入し，P/L欄の貸方に¥10,000を記入します。

（3）　決算時点で，現金過不足a/c残高が¥10,000（借方残）ある場合の仕訳と精算表の記入は，次のとおりです。

決算整理仕訳
（借）雑　　　損　10,000　（貸）現金過不足　10,000

精 算 表

勘定科目	残高試算表 借方	残高試算表 貸方	整理記入 借方	整理記入 貸方	損益計算書 借方	損益計算書 貸方	貸借対照表 借方	貸借対照表 貸方
現金過不足	10,000			10,000				
雑　　　損			10,000		10,000			

　現金過不足の行は，残高試算表欄の借方¥10,000から整理記入欄の貸方¥10,000が差し引かれ¥0となるため，B/S欄の記入はありません。雑損の行は，整理記入欄の借方に¥10,000を記入し，P/L欄の借方に¥10,000を記入します。

6．精算表（8欄）の作成

　精算表（8欄）の作成事例を示すと，次のとおりです。全経簿記3級検定試験では，付記事項で取引の修正，次に決算整理事項の修正仕訳を行って精算表の整理記入欄に記入し，P/L欄とB/S欄を完成させます。日商簿記3級検定試験では，付記事項と決算整理事項の区別がなく，決算整理事項として一括して出題される傾向にあるようです。

設 例 8

次の付記事項および決算整理事項によって，精算表を完成しなさい。

付記事項
　買掛金¥13は小切手を振り出して支払っていたが，計上漏れであった。

決算整理事項
　a．期末商品棚卸高　¥168
　b．貸倒引当金　期末売掛金残高の2％を見積る（差額補充法）
　c．備品減価償却高　¥14（直接法）
　d．現金の実際有高は¥70であった。帳簿残高との差額の原因は不明である。
　e．引出金を整理する。

正解

精　算　表

勘定科目	残高試算表 借方	残高試算表 貸方	整理記入 借方	整理記入 貸方	損益計算書 借方	損益計算書 貸方	貸借対照表 借方	貸借対照表 貸方
現　　　　金	63		*7*				*70*	
当 座 預 金	275			*13*			*262*	
売 　掛 　金	350						350	
貸 倒 引 当 金		4		*3*				*7*
有 価 証 券	88						88	
繰 越 商 品	195		*168*	*195*			*168*	
備　　　　品	112			*14*			*98*	
買 　掛 　金		193	*13*					*180*
借 　入 　金		97						97
引 　出 　金	2			*2*				
資 　本 　金		652	*2*					*650*
売　　　　上		813				813		
仕　　　　入	541		*195*	*168*	*568*			
給　　　　料	39				39			
営 　業 　費	87				87			
支 払 利 息	7				7			
貸倒引当金繰入			*3*		*3*			
減 価 償 却 費			*14*		*14*			
雑　　　　益				*7*		*7*		
当 期 純 利 益					**102**			*102*
	1,759	1,759	*402*	*402*	820	820	1,036	1,036

（注）イタリックが解答である。ゴシックは朱記。

付記事項および決算整理仕訳を示すと，次のとおりである。

借方科目	金額	貸方科目	金額
買　掛　金	13	当　座　預　金	13
仕　　　　入	195	繰　越　商　品	195
繰　越　商　品	168	仕　　　　入	168
貸倒引当金繰入	3	貸　倒　引　当　金	3
減　価　償　却　費	14	備　　　　品	14
現　　　　金	7	雑　　　　益	7
資　　本　　金	2	引　　出　　金	2

7．P/L および B/S の作成

P/L および B/S については，すでに第1章で説明しました。ここでは，新たに決算整理事項が追加されています。精算表と比べて表示項目に注意してください。繰越商品ではなく商品，仕入ではなく売上原価になります。また，貸倒引当金は売掛金から控除する形式で表示します。

設 例 9

［設例8］から次の損益計算書および貸借対照表の（　）に適当な科目および金額を入れ，完成させなさい。

正 解

損　益　計　算　書

費　　用	金　額	収　益	金　額
（売上原価）	（　568）	売　　上	813
給　　料	39	（雑　益）	（　7）
営　業　費	87		
支　払　利　息	7		
（貸倒引当金繰入）	（　3）		
（減価償却費）	（　14）		
（当期純利益）	（**102**）		
	（　820）		（　820）

貸 借 対 照 表

資　産	金　額	負債および純資産	金　額
現　　　金	70	買　掛　金	(180)
当 座 預 金	(262)	借　入　金	97
売　掛　金 (350)		資　本　金	650
貸倒引当金 (7)	(343)	(当 期 純 利 益)	(102)
有 価 証 券	88		
(商　品)	(168)		
備　　　品	(98)		
	(1,029)		(1,029)

8．商品 a/c ─分記法と3分法の処理の相違

　今まで商品の売買は，商品 a/c を**繰越商品** a/c，**仕入** a/c および**売上** a/c で処理する3分法で説明してきました。実務上は，この方法が一般的です。しかし，商品の売買の処理方法としては，他に分記法があります。この方法は，**商品** a/c（資産 a/c）を用いて処理し，仕入時は資産の増加，売上時は資産の減少とし，売上の都度商品の売価と原価の差額を**商品売買益** a/c（売価＞原価の場合）または**商品売買損** a/c（売価＜原価の場合）で処理します。分記法と3分法について，例示すると次のとおりです。

期首商品棚卸高　¥1,000
期中取引
　12／1　商品¥10,000を掛で仕入れた。
　12／5　12／1の掛仕入商品のうち¥500を返品した。
　12／15　商品¥10,000（原価¥9,000）を掛で売上げた。
　12／20　12／15の掛売上商品について¥500の値引きをした。
決算整理事項
　期末商品棚卸高　¥1,500

期中取引仕訳

日付	分記法				3分法			
	借方科目	金額	貸方科目	金額	借方科目	金額	貸方科目	金額
12/1	商　品	10,000	買掛金	10,000	仕　入	10,000	買掛金	10,000
12/5	買掛金	500	商　品	500	買掛金	500	仕　入	500
12/15	売掛金	10,000	商　品 商品売買益	9,000 1,000	売掛金	10,000	売　上	10,000
12/20	商品売買益	500	売掛金	500	売　上	500	売掛金	500

売上原価計算の仕訳

日付	分記法				3分法			
	借方科目	金額	貸方科目	金額	借方科目	金額	貸方科目	金額
12/31	仕訳なし				仕　入 繰越商品	1,000 1,500	繰越商品 仕　入	1,000 1,500

損益a/cへの振替仕訳

日付	分記法				3分法			
	借方科目	金額	貸方科目	金額	借方科目	金額	貸方科目	金額
12/31	商品売買益	500	損　益	500	損　益 売　上	9,000 9,500	仕　入 損　益	9,000 9,500

[分記法]

```
              商　品
12/1 前期繰越  1,000 | 12/5 買掛金    500
  〃  買掛金 10,000 |   15 売掛金  9,000
                    |   31 次期繰越 1,500
             11,000   11,000
1/1 前期繰越  1,500
```

```
            商品売買益
12/20 売掛金   500 | 12/15 売掛金  1,000
   31 損　益   500 |
              1,000              1,000
```

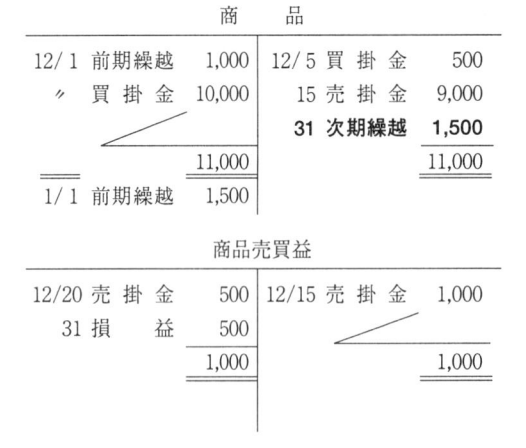

[3分法]

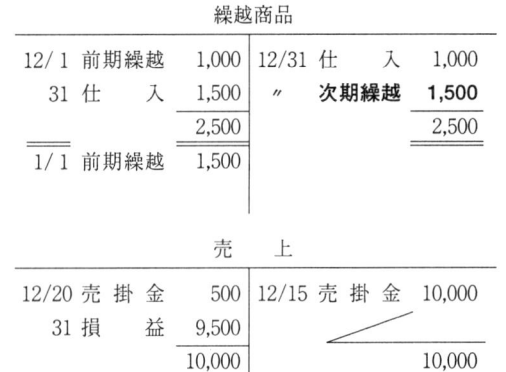

```
             繰越商品
12/1 前期繰越  1,000 | 12/31 仕　入  1,000
  31 仕　入   1,500 |  〃 次期繰越 1,500
              2,500              2,500
1/1 前期繰越  1,500
```

```
              売　上
12/20 売掛金   500 | 12/15 売掛金 10,000
   31 損　益 9,500 |
             10,000            10,000
```

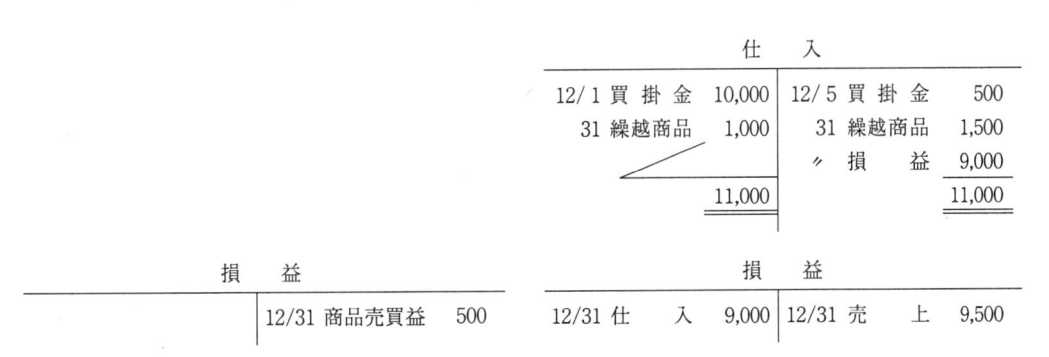

```
                          仕        入
    12/ 1 買 掛 金  10,000 │ 12/ 5 買 掛 金    500
       31 繰 越 商 品  1,000 │    31 繰 越 商 品  1,500
                          │    〃 損    益   9,000
                   ──────│             ──────
                   11,000 │             11,000
```

```
         損    益                          損    益
    12/31 商品売買益  500          12/31 仕  入  9,000 │ 12/31 売  上  9,500
```

9．期首と期末の貸借対照表の比較による純利益の計算

期末資本から期首資本を差し引いて純損益を計算します。純利益が生じる場合と純損失が生じる場合を図で示すと，次のとおりです。

○ **期末資本－期首資本＝純利益（プラスの場合）**

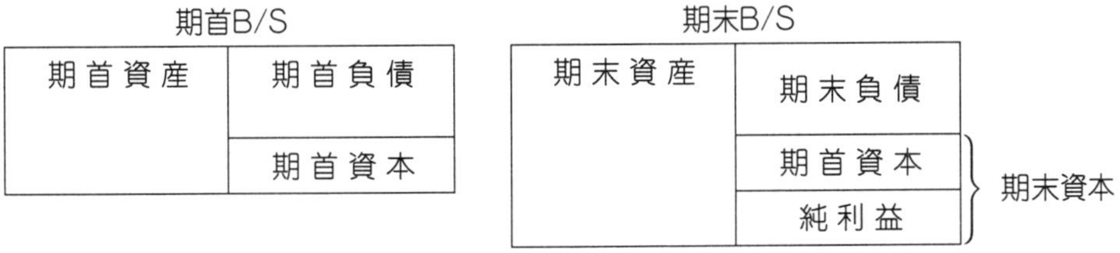

期首B/S			期末B/S		
期首資産	期首負債		期末資産	期末負債	
	期首資本			期首資本	┐期末資本
				純利益	┘

○ **期末資本－期首資本＝純損失（マイナスの場合）**

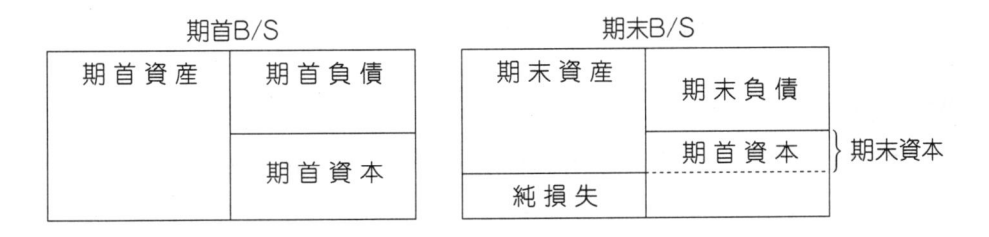

期首B/S			期末B/S		
期首資産	期首負債		期末資産	期末負債	
	期首資本			期首資本	┐期末資本
			純損失		┘

設 例10

次の空欄にあてはまる金額を計算しなさい。

期首資産	期首負債	期首資本	期末資産	期末負債	期末資本	純利益
100,000	80,000	（①）	（②）	85,000	（③）	10,000

正 解

① 20,000　② 115,000　③ 30,000

(注) 期末資本から期首資本を差し引けば純利益を求めることができます。期首資本は，期首資産から期首負債を差し引けば求めることができます。

○ 資本の追加元入れがある場合の利益計算

期首B/S	
期首資産	期首負債
	期首資本

期末B/S	
期末資産	期末負債
	純利益
	期首資本
	追加元入

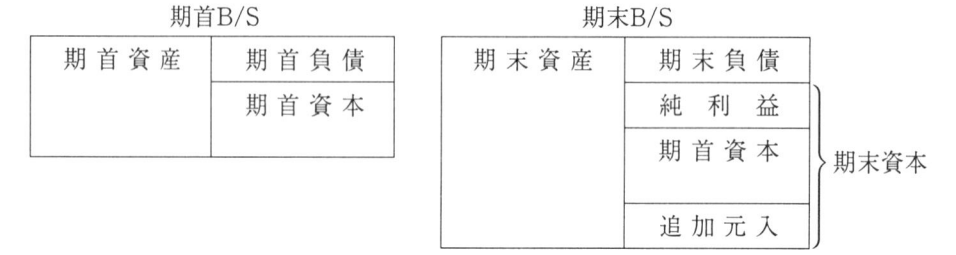

期末資本 － 期首資本 － 追加元入 ＝ 当期純利益（プラスの場合）

○ 資本の引き出しがある場合の利益計算

期首B/S	
期首資産	期首負債
	期首資本

期末B/S	
期末資産	期末負債
	当期純利益
	引　出

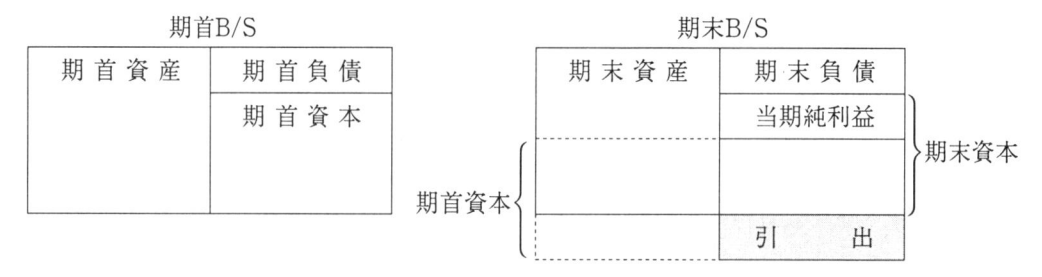

期末資本 ＋ 引出 － 期首資本 ＝ 当期純利益（プラスの場合）

設例11

期首資本￥150,000，期末資本￥200,000，資本の追加元入れ￥20,000，資本の引出し￥10,000の場合，当期純利益はいくらになるか。

正 解

(￥200,000 － ￥20,000 ＋ ￥10,000) － ￥150,000 ＝ ￥40,000

10. 損益計算書による純利益の計算

総収益から総費用を差し引いて純利益（プラスの場合）を計算しますが，損益計算書の利益計算構造を細かく区分すると，次のようになります。

> 売上総利益＝純売上高－売上原価 *

＊売上原価＝期首商品棚卸高＋当期純仕入高－期末商品棚卸高

> 純利益＝売上総利益－営業費 **

＊＊営業費には，給料，水道光熱費，交通費，支払家賃などの販売費および減価償却費などの管理費があります。これを販売費及び一般管理費ともいいます。支払利息は営業費ではありませんが，費用です。これは営業外費用といいます。

```
           P/L
  純売上高
  △売上原価    売上総利益

  △営業費
  △支払利息など  純  利  益
```

設 例12

次の空欄にあてはまる金額を計算しなさい。

期首商品棚卸高	¥320,000	純仕入高	¥2,860,000	売上原価	(¥ ①)
期末商品棚卸高	¥340,000	純売上高	(¥ ②)	営業費	(¥ ③)
売上総利益	¥1,290,000	純利益	¥580,000		

正 解

① 2,840,000　② 4,130,000　③ 710,000

練習問題

問1 豊島商店（会計期間は1月1日から12月31日）の次の付記事項と決算整理事項によって精算表を作成しなさい。

付記事項

仮受金のうち¥300,000は，貸付金の回収で，残額は商品の注文をうけた商品の内金の受け取りであった。

決算整理事項
1. 期末商品棚卸高　¥887,500
2. 貸倒引当金　売掛金残高に対し2％の貸し倒れを見積る（差額補充法）。
3. 備品減価償却高　下記の資料に基づいて，定額法により各自計算しなさい。ただし，直接法によること。
   　　取得原価¥1,650,000　残存価額　取得原価の10％　耐用年数　6年
4. 現金実際有高　¥567,300　帳簿残高との差額はタクシー代の支払いの記入もれであった。
5. 引出金を整理する。

精　算　表

勘定科目	残高試算表 借方	残高試算表 貸方	整理記入 借方	整理記入 貸方	損益計算書 借方	損益計算書 貸方	貸借対照表 借方	貸借対照表 貸方
現　　　　金	579,300							
当 座 預 金	1,346,700							
売　掛　金	2,850,000							
貸 倒 引 当 金		32,500						
繰 越 商 品	992,400							
貸　付　金	1,200,000							
備　　　　品	1,155,000							
買　掛　金		2,460,000						
預　り　金		129,000						
仮　受　金		400,000						
資　本　金		4,361,100						
引　出　金	720,000							
売　　　　上		28,983,000						
受 取 手 数 料		187,500						
受 取 利 息		16,800						
仕　　　　入	21,288,000							
給　　　　料	2,398,500							
広　告　費	840,000							
通　信　費	496,400							
交　通　費	383,200							
支 払 家 賃	1,200,000							
租 税 公 課	396,500							
消 耗 品 費	278,300							
雑　　　　費	445,600							
	36,569,900	36,569,900						
(　　　　)								
貸倒引当金繰入								
(　　　　)								
当 期 純 (　)								

[問2] 東海商店（決算は年1回12月31日）の元帳勘定残高と付記事項および決算整理事項によって，損益計算書と貸借対照表を作成しなさい。

元帳勘定残高（単位：円）

現　　　　金	714,600	普 通 預 金	1,248,500	当 座 預 金	1,379,400
売 　掛 　金	5,248,000	貸倒引当金	67,200	繰 越 商 品	1,597,300
貸 　付 　金	1,600,000	前　払　金	120,000	仮　払　金	58,000
備　　　　品	1,855,000	支 払 手 形	1,800,000	買　掛　金	3,168,000
借 　入 　金	750,000	資　本　金	6,671,500	引　出　金	840,000
売　　　　上	37,997,000	受取手数料	116,000	受 取 利 息	36,000
仕　　　　入	27,288,000	給　　　料	4,967,500	通　信　費	326,400
交　通　費	472,000	支 払 家 賃	1,800,000	租 税 公 課	319,900
消 耗 品 費	325,800	雑　　　費	424,300	支 払 利 息	21,000

付記事項

　仮払金のうち￥50,000は買掛金の支払いで，残額は郵便切手の購入の支払いであった。

決算整理事項

1．期末商品棚卸高　￥1,696,400
2．貸 倒 引 当 金　売掛金残高の2％の貸し倒れを見積る。（差額補充法）
3．備品減価償却高　下記の資料に基づいて，定額法により各自計算しなさい。ただし，直接法によること。
　　　　　　　　　取得原価　￥2,800,000　残存価額　取得原価の10％　耐用年数8年
4．現金実際有高　￥725,800　帳簿残高との差額は受取手数料の記入もれであった。
5．引出金を整理する。

貸　借　対　照　表

東海商店　　　　　　　　　　平成○年12月31日

資　　　産	金　　額	負債および純資産	金　　額
現　　　　　金		支 払 手 形	
普　通　預　金		買　　掛　　金	
当　座　預　金		借　　入　　金	
売　掛　金（　　）		資　　本　　金	
貸倒引当金（　　）		（　　　　　）	
商　　　　　品			
貸　　付　　金			
前　　払　　金			
（　　　　　）			

損 益 計 算 書

東海商店　　　平成○年1月1日から平成○年12月31日まで

費　　　用	金　　額	収　　　益	金　　額
売 上 原 価		売　　　　上	
給　　　料		（　　　　）	
通 信 費		（　　　　）	
貸倒引当金繰入			
（　　　　）			
交 通 費			
支 払 家 賃			
租 税 公 課			
消 耗 品 費			
雑　　　費			
（　　　　）			
（　　　　）			

問3　次の①から⑧の金額を求めなさい（単位：千円）。

	期　　首			期　　末			総収益	総費用	純利益
	資　産	負　債	資　本	資　産	負　債	資　本			
1	2,296	①	1,492	2,897	②	③	④	9,796	529
2	⑤	708	⑥	⑦	627	1,499	9,447	8,922	⑧

問4　次の資料により，期首資本・期末資産・売上原価・当期純利益の金額を求めなさい。

（1）期首資産　¥12,297,000（うち商品　¥2,856,000）　　期首負債　¥8,119,000
（2）期末資産　¥　χ　（うち商品　¥2,998,000）　　期末負債　¥7,996,000
（3）純売上高　¥18,747,000　　　　（4）純仕入高　¥13,995,000
（5）営業費　¥3,443,000　　　　　　（6）支払利息　¥84,000

期　首　資　本		期　末　資　産	
売　上　原　価		当　期　純　利　益	

[問5] 次の空欄の（　）に適当な金額を記入しなさい。なお，△印は純損失を示す。

期末資産	期末負債	期首資本	総収益	総費用	総損益	引出金	追加元入
500,000	350,000	100,000	①	250,000	②	20,000	…
③	450,000	200,000	500,000	④	150,000	…	50,000
400,000	250,000	⑤	⑥	250,000	△70,000	10,000	…

[問6] 次の取引の仕訳をしなさい。
（1） 対馬商店が倒産し，同店に対する売掛金￥150,000が回収不能となった。ただし，貸倒引当金の残高が￥100,000ある。
（2） 愛媛商店が倒産し，同店に対する売掛金￥180,000が回収不能となった。ただし，貸倒引当金の残高が￥220,000ある。

	借方科目	金　額	貸方科目	金　額
（1）				
（2）				

[問7] 9月中の商品売買取引を分記法で記帳すると，商品勘定および商品売買益勘定の記入の状況は次のとおりである。

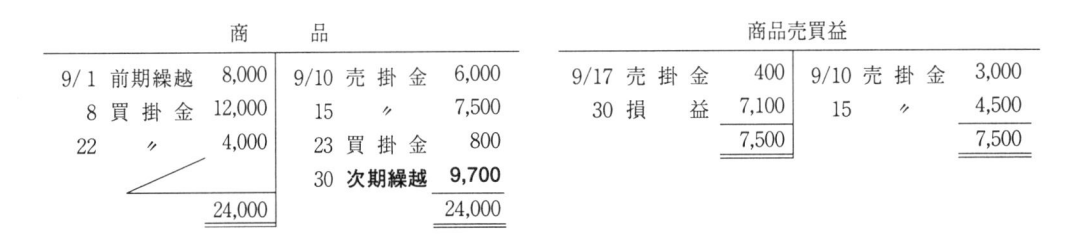

```
            商　　　品                          商品売買益
9/1 前期繰越  8,000 | 9/10 売 掛 金  6,000    9/17 売 掛 金   400 | 9/10 売 掛 金  3,000
  8 買 掛 金 12,000 |  15   〃       7,500     30  損     益 7,100 |  15   〃      4,500
 22   〃     4,000 |  23 買 掛 金    800                     7,500                 7,500
                   |  30 次期繰越   9,700
             24,000            24,000
```

仮に商品売買取引を三分法を用いて記帳したものとすると，仕入勘定および売上勘定の記入はどのようになるか。空欄の①〜⑩に当てはまる適切な語または金額を答えなさい。

```
             仕　　　入                              売　　　上
9/ 8 買 掛 金 （①） | 9/23 （ ② ） （ ③ ）    9/17 （　） （ ⑦ ） | 9/10 売 掛 金 （⑩）
 22   〃    （　） |  30 （ ④ ） （ ⑤ ）     30 （ ⑧ ） （ ⑨ ） |  15   〃    （　）
 30 繰越商品 （　） | 〃 損　　益 （ ⑥ ）            （　）                  （　）
            （　）           （　）
```

第9章 精算表，貸借対照表および損益計算書（2）

学習のポイント

第9章では，第8章で学習していない決算整理仕訳を行い，精算表（8欄），貸借対照表（B/S）および損益計算書（P/L）の作成について学習します。本章で取り扱う決算整理事項は，（1）売上原価の計算，（2）減価償却費の計上，（3）売買目的有価証券の評価，（4）消耗品の処理および（5）損益の見越し・繰延べの処理です。決算整理のプロセスは次のとおりです。

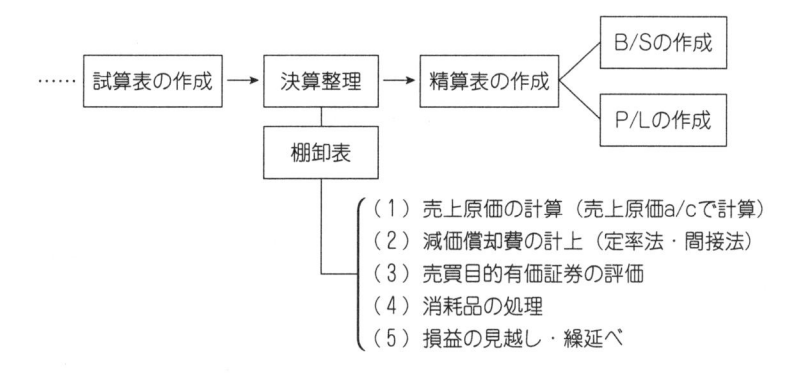

```
……試算表の作成 → 決算整理 → 精算表の作成 → B/Sの作成
                    ↓                        P/Lの作成
                  棚卸表
                    (1) 売上原価の計算（売上原価a/cで計算）
                    (2) 減価償却費の計上（定率法・間接法）
                    (3) 売買目的有価証券の評価
                    (4) 消耗品の処理
                    (5) 損益の見越し・繰延べ
```

第9章では，上記の決算整理事項ごとに仕訳，元帳への転記，元帳の締め切り，精算表への記入について説明をします。なお，個人企業の会計期間は1月1日から12月31日までの1年間で，12月31日が決算日となります。

1．売上原価の計算

第8章において，3分法では，商品a/cを売上a/c，仕入a/cおよび繰越商品a/cに分割して処理をすることは説明しました。また，期末に仕入a/cにおいて売上原価を計算することも説明しました。ここでは，**売上原価**a/cを設けて売上原価を計算する方法について学びます。

この方法では，まず，期首棚卸商品を繰越商品a/cから売上原価a/cに振り替えます。次いで，仕入a/c残高を売上原価に振り替えます。そして，当期に売れ残った商品を売上原価a/cから期末棚卸商品a/cへ振り替えることで，売上原価a/cで売上原価を求めます。

繰越商品	
期首棚卸高	売上原価 a/c へ
売上原価 a/c から	次期繰越

仕　入	
当期純仕入高	売上原価 a/c へ

売上原価	
期首棚卸高	期末棚卸高
仕入 a/c から	売上原価 → 損益 a/c へ

決算整理仕訳は，次の手順で行います。
・売上原価の計算の仕訳（売上原価 a/c で計算）
①期首商品棚卸高を売上原価 a/c に振り替えます。
（借）売　上　原　価　×××　（貸）繰　越　商　品　×××
②仕入 a/c 残高を売上原価 a/c に振り替えます。
（借）売　上　原　価　×××　（貸）仕　　　　入　×××
③期末商品棚卸高を繰越商品 a/c に振り替えます。
（借）繰　越　商　品　×××　（貸）売　上　原　価　×××
・売上原価 a/c の売上原価と売上 a/c の売上高は，損益 a/c に振り替えます。
（借）損　　　　益　×××　（貸）売　上　原　価　×××
（借）売　　　　上　×××　（貸）損　　　　益　×××

設　例 1

　本日決算（12/31）につき，下記の商品に関する3分割a/cから，売上原価a/cを用いる方法により，決算整理仕訳，損益a/cへの振替仕訳を行い，元帳に転記しなさい（締め切る必要はない）。なお，期末商品棚卸高は¥40,000である。

繰　越　商　品

1/1　前　期　繰　越	35,000		

仕　　　入

	300,000		5,000

売　　　上

	4,000		350,000

正解

・決算整理仕訳

借方科目	金額	貸方科目	金額
売 上 原 価	35,000	繰 越 商 品	35,000
売 上 原 価	295,000	仕　　　　入	295,000
繰 越 商 品	40,000	売 上 原 価	40,000

・損益 a/c への振替仕訳

借方科目	金額	貸方科目	金額
損　　　　益	290,000	売 上 原 価	290,000
売　　　　上	346,000	損　　　　益	346,000

繰 越 商 品

1／1	前 期 繰 越	35,000	12／31	売 上 原 価	35,000
12／31	繰 越 商 品	40,000	〃	**次 期 繰 越**	**40,000**

仕　　入

		300,000			5,000
			12／31	売 上 原 価	295,000

売　　上

		4,000			350,000
12／31	損　　益	346,000			

売 上 原 価

12／31	繰 越 商 品	35,000	12／31	繰 越 商 品	40,000
〃	仕　　入	295,000	〃	損　　益	290,000

損　　益

12／31	売 上 原 価	290,000	12／31	売　　上	346,000

精算表の記入は，次のとおりです。

精　算　表

勘定科目	残高試算表 借方	残高試算表 貸方	整理記入 借方	整理記入 貸方	損益計算書 借方	損益計算書 貸方	貸借対照表 借方	貸借対照表 貸方
繰越商品	35,000		40,000	35,000			40,000	
仕　入	295,000			295,000				
売上原価			35,000	40,000	290,000			
			295,000					

（注）売上原価行の整理記入欄（借方）の記入については，期首商品棚卸高と当期純仕入高を合計して330,000（35,000＋295,000）と記入しても構いません。

　期首商品棚卸高￥35,000は，繰越商品の行の整理記入欄の貸方に記入し，同額を売上原価の行の整理記入欄の借方に記入します。この時点で繰越商品はいったん￥0になります。次いで，当期純仕入高￥295,000を仕入の行の整理記入欄の貸方に記入し，同額を売上原価の行の整理記入欄の借方に記入します（当期純仕入は￥0となります）。そして，期末商品棚卸高￥40,000を売上原価の行の整理記入欄の貸方に記入し，同額を繰越商品の行の整理記入欄の借方に記入します。これら整理の結果として，売上原価の行で売上原価￥290,000（￥35,000＋￥295,000－￥40,000）を計算し，P/L欄の借方に記入します。また，当期に売れ残った商品である期末商品棚卸高￥40,000を繰越商品の行のB/S欄の借方に記入します。

2．減価償却費の計上

　減価償却費の会計処理については第8章で，学習しました。ここでは**定率法**と**間接法**について学習します。定率法とは当該固定資産が当該会計期間の期首あるいは使用開始時点の帳簿価額に対して一定の割合で減価すると仮定して減価償却を行います。間接法とは減価償却を実施した際の記帳方法で，減価償却額を**減価償却累計額** a/c（負債 a/c）の貸方に記入する方法です。減価償却累計額とは，各期に実施された減価償却額が累積されて行く a/c です。
　まず，定率法の計算式を示すと次のとおりです。

```
減価償却額＝帳簿価額×定率
帳 簿 価 額＝取得原価－減価償却累計額
```

設例 2

取得原価￥1,000,000の備品に対して，0.206の定率により減価償却を実施した場合の1年度から3年度までの減価償却費，減価償却累計額および帳簿価額を計算しなさい。ただし，端数が生じた場合は円未満切り捨てとする。

正 解

年度	計　　　算	減価償却費	減価償却累計額	帳簿価額
取得時				1,000,000
1年度	1,000,000×0.206	206,000	206,000	794,000
2年度	(1,000,000－206,000)×0.206	163,564	369,564	630,436
3年度	(1,000,000－369,564)×0.206	129,869	499,433	500,567

間接法による減価償却に関する記帳は，減価償却費a/cの借方に当該期間の減価償却額を記入し，同額を減価償却累計額a/cの貸方に記入します。

減価償却費
当期計上額	損益a/cへ

減価償却累計額
次期繰越額	前期繰越額
	当期計上額

（借）減価償却費　×××　（貸）減価償却累計額　×××

設例 3

決算日（12／31）に下記の備品a/cおよび減価償却累計額a/cによって，定率法により減価償却費を計上した。償却率は25％とし，決算整理仕訳，損益a/cへの振替仕訳を行い，元帳に転記しなさい（締め切る必要はない）。

　　　　　　　　　　　備　　　品
　　　　　　　1,000,000　｜

　　　　　　　　　　減価償却累計額
　　　　　　　　　　　　｜　　　250,000

正解

・決算整理仕訳

借方科目	金　額	貸方科目	金　額
減価償却費	187,500	減価償却累計額	187,500

減価償却費は（1,000,000－250,000）×25％＝187,500と計算します。

・損益勘定への振替仕訳

借方科目	金　額	貸方科目	金　額
損　　益	187,500	減価償却費	187,500

備　　品

	1,000,000	12/31　次　期　繰　越	1,000,000

減 価 償 却 費

12/31　減価償却累計額	187,500	12/31　損　　　益	187,500

減価償却累計額

12/31　次　期　繰　越	437,500		250,000
		12/31　減　価　償　却　費	187,500

精算表の記入は、次のとおりです。

精　算　表

勘定科目	残高試算表 借方	残高試算表 貸方	整理記入 借方	整理記入 貸方	損益計算書 借方	損益計算書 貸方	貸借対照表 借方	貸借対照表 貸方
備　　品	1,000,000						1,000,000	
減価償却累計額		250,000		187,500				437,500
減価償却費			187,500		187,500			

　減価償却費の当期計上額¥187,500は、減価償却費の行を設けて、その整理記入欄の借方に記入し、同額を減価償却累計額の行の整理記入欄の貸方に記入します。このとき備品a/cの整理記入欄の貸方に記入するのではないことに注意して下さい。備品a/cのB/S欄の借方は残高試算表欄の数字と同じになります。すなわち、取得原価をそのまま次期に繰

越すことになります。そして，減価償却累計額の行のB/S欄の貸方に¥437,500（¥250,000＋¥187,500）を記入します。減価償却費の行は，整理記入欄の借方¥187,500をP/L欄の借方に記入します。

3．売買目的有価証券の評価

期末において売買目的有価証券を所有している場合，市場価格（時価）の変動により，帳簿価額と期末における時価が一致しないことがあります。そこで，期末における売買目的有価証券の時価を調査し，帳簿価額を時価に修正します。このような処理法を**時価法**といいます。これに対して帳簿価額のまま据え置く方法を**原価法**といいます。売買目的有価証券の期末時点での評価は，時価法を適用しなければならないことになっています。

時価法では，時価と帳簿価額の差額は，時価＞帳簿価額であれば**有価証券評価益** a/c（収益 a/c）の貸方に記入すると同時に，売買目的有価証券 a/c の借方に記入します。逆に，時価＜帳簿価額であれば**有価証券評価損** a/c（費用 a/c）の借方に記入すると同時に，売買目的有価証券 a/c の貸方に記入します。仕訳を示すと，次のようになります。

時価＞帳簿価額の場合
（借）売買目的有価証券　×××　（貸）有価証券評価益　×××

時価＜帳簿価額の場合
（借）有価証券評価損　×××　（貸）売買目的有価証券　×××

設 例 4

次の取引の仕訳を行い，元帳に転記しなさい（締め切る必要はない）。
決算日（12／31）に売買目的で所有している福岡商事株式会社の株式（取得原価＠¥80,000）20株を＠¥82,000（時価）に評価替えをする。

売買目的有価証券
1,600,000

正 解

借方科目	金　額	貸方科目	金　額
売買目的有価証券	40,000	有価証券評価益	40,000

（注）（＠¥82,000－＠¥80,000）×20株＝40,000

売買目的有価証券

		1,600,000	12/31	次 期 繰 越	1,640,000
12/31	有価証券評価益	40,000			

有価証券評価益

12/31	損　　益	40,000	12/31	売買目的有価証券	40,000

精算表の記入は，次のとおりです。

精　算　表

勘定科目	残高試算表		整理記入		損益計算書		貸借対照表	
	借方	貸方	借方	貸方	借方	貸方	借方	貸方
売買目的有価証券	1,600,000		40,000				1,640,000	
有価証券評価益				40,000		40,000		

時価が帳簿価額より高いため，売買目的有価証券の行の整理記入欄の借方に価額上昇分¥40,000を記入します。そして，有価証券評価益の行を設けて，その整理記入欄の貸方に¥40,000を記入します。これら整理の結果として，売買目的有価証券の行のB/S欄の借方に¥1,640,000（¥1,600,000＋¥40,000）を記入し，有価証券評価益の行のP/L欄の貸方に¥40,000を記入します。

設 例 5

次の取引の仕訳を行い，元帳に転記しなさい（締め切る必要はない）。

決算日（12/31）に売買目的で所有している佐賀商事株式会社の株式（取得原価＠¥80,000）20株を＠¥77,000（時価）に評価替えをする。

売買目的有価証券

1,600,000	

正 解

借方科目	金　額	貸方科目	金　額
有価証券評価損	60,000	売買目的有価証券	60,000

（注）（＠¥80,000－＠¥77,000）×20株＝60,000

売買目的有価証券

	1,600,000	12/31	有価証券評価損	60,000
		〃	次 期 繰 越	1,540,000

有価証券評価損

12/31	売買目的有価証券	60,000	12/31	損　　　益	60,000

精算表の記入は，次のとおりです。

精　算　表

勘定科目	残高試算表		整理記入		損益計算書		貸借対照表	
	借方	貸方	借方	貸方	借方	貸方	借方	貸方
売買目的有価証券	1,600,000			60,000			1,540,000	
有価証券評価益			60,000		60,000			

　時価が帳簿価額より低いため，売買目的有価証券の行の整理記入欄の貸方に価額下落分¥60,000を記入します。そして，有価証券評価損の行を設けて，その整理記入欄の借方に¥60,000を記入します。これら整理の結果として，売買目的有価証券の行のB/S欄の借方に¥1,540,000（¥1,600,000－¥60,000）を記入し，有価証券評価損の行のP/L欄の借方に¥60,000を記入します。

4．消耗品の処理

　ボールペンや消しゴムなどの消耗品を購入した場合には，その全額を**消耗品費a/c（費用a/c）の借方に記入する方法**と，**消耗品a/c（資産a/c）の借方に記入する方法**があります。

　いずれの方法を採っても，決算において，消耗品の消費高を当期の費用に計上し，未使用高を資産として，次期に繰越す必要があります。次に，これら2つの方法について説明します。

購入時に消耗品費a/cの借方に記入する方法（費用主義）

　この方法で記帳している場合は，購入した消耗品がすべて費用として，当期の損益計算に含められることになります。しかし，未使用の消耗品があれば，その分だけ費用が多額に計上されることになります。したがって，消耗品の未使用高を消耗品費a/cから消耗品a/cへ振り替える決算整理仕訳を行います。

```
         消 耗 品 費                      消 耗 品
┌──────────┬──────────┐      ┌──────────┬──────────┐
│ 購 入 高  │ 未使用高 │      │ 未使用高 │次期繰越額│
│          ├──────────┤      └──────────┘
│          │使用高（損益a/cへ）
```

（借）消 耗 品 ×××　（貸）消耗品費 ×××

設 例 6

次の取引の仕訳を行い，元帳に転記しなさい。なお，購入時に消耗品費 a/c の借方に記入する方法（費用主義）によること（締め切る必要はない）。

　1月1日　文房具￥30,000を購入し，代金は現金で支払った。
　12月31日　決算にあたり，文房具の未使用高￥10,000を次期へ繰越した。

正 解

1月1日

借方科目	金　額	貸方科目	金　額
消 耗 品 費	30,000	現　　　金	30,000

12月31日

借方科目	金　額	貸方科目	金　額
消　耗　品	10,000	消 耗 品 費	10,000

消 耗 品 費

1／1	現　　金	30,000	12／31	消 耗 品	10,000
			〃	損　　益	20,000

消 耗 品

12／31	消 耗 品 費	10,000	12／31	次 期 繰 越	10,000

精算表の記入は，次のとおりです。

精 算 表

勘定科目	残高試算表 借方	残高試算表 貸方	整理記入 借方	整理記入 貸方	損益計算書 借方	損益計算書 貸方	貸借対照表 借方	貸借対照表 貸方
消耗品費	30,000			10,000	20,000			
消 耗 品			10,000				10,000	

　消耗品の未使用高があるということは，消耗品費の計上額が多すぎることになります。それで，消耗品の未使用高￥10,000を消耗品費の行の整理記入欄の貸方に記入します。そして，未使用高￥10,000を消耗品（資産）として次期に繰越すため，消耗品の行を設け，その行の整理記入欄の借方に￥10,000を記入します。これら整理の結果として，消耗品費の行のP/L欄の借方に￥20,000，消耗品の行のB/S欄の借方に￥10,000を記入します。

購入時に消耗品a/cの借方に記入する方法（資産主義）

　この方法で記帳している場合は，購入した消耗品がすべて資産として，次期に繰越されることになります。しかしこの中には，決算時点で，すでに使用され消費している分もあります。したがって，未使用高を把握し，消耗品a/cから，そこで把握された未使用分を差し引き，消耗品の消費額を計算します。そして，その金額を消耗品a/cから消耗品費a/cへ振り替えます。

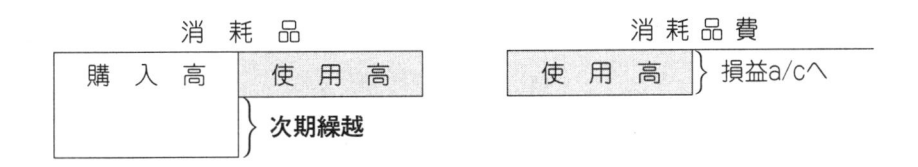

```
         消 耗 品                    消 耗 品 費
   ┌─────┬─────┐           ┌─────┐
   │購 入 高│使 用 高│           │使 用 高│ }損益a/cへ
   │     ├─────┤           └─────┘
   │     │次期繰越│
   └─────┴─────┘
```

　（借）消耗品費　×××　（貸）消 耗 品　×××

設 例 7

　次の取引の仕訳を行い，元帳に転記しなさい。なお，購入時に消耗品a/cの借方に記入する方法（資産主義）によること（締め切る必要はない）。
　　1月 1日　文房具￥30,000を購入し，代金は現金で支払った。
　12月31日　決算にあたり，文房具の未使用高￥10,000を次期へ繰越した。

正解

1月1日

借方科目	金　額	貸方科目	金　額
消 耗 品	30,000	現　　　金	30,000

12月31日（決算日）

借方科目	金　額	貸方科目	金　額
消 耗 品 費	20,000	消 耗 品	20,000

当期に消費した消耗品の金額は，￥30,000－￥10,000＝￥20,000となります。

消　耗　品

1／1	現　　金	30,000	12／31	消 耗 品 費	20,000
			〃	次 期 繰 越	10,000

消　耗　品　費

12／31	消 耗 品	20,000	12／31	損　　益	20,000

精算表の記入は，次のとおりです。

精　算　表

勘定科目	残高試算表		整理記入		損益計算書		貸借対照表	
	借方	貸方	借方	貸方	借方	貸方	借方	貸方
消 耗 品	30,000			20,000			10,000	
消 耗 品 費			20,000		20,000			

　消耗品の未使用高が￥10,000あるということは，消耗品を￥20,000（￥30,000－￥10,000）消費したということになります。それで，消耗品の行の整理記入欄の貸方に￥20,000を記入し消耗品を減少させます。そして，消耗品費の行を設けて消耗品の消費額￥20,000を，その行の整理記入欄の借方に記入します。これら整理の結果として，消耗品の行のB/S欄の借方に￥10,000，消耗品費の行のP/L欄の借方に￥20,000を記入します。

5．損益の見越し・繰延べ

　収益および費用の中には，契約などにより一定期間にわたって用役の授受が継続的に行

われるものがあります。たとえば、受取家賃・支払家賃、受取利息・支払利息、給料および保険料などです。これらの収益や費用の対価は契約などにより、事前に決定されている期日に受払いが行われます。この受払いの金額は必ずしも当期に計上すべき収益や費用の額と一致するとは限りません。したがって、このように収入と支出に基づいて記帳された収益と費用に関する諸a/cの金額は、決算において当期に計上すべき金額に修正しなければなりません。

5.1　収益および費用の見越し

見越しとは、当期において収入および支出がなかったため、記帳されなかった収益および費用で、次期以降にその収入および支出が行われる場合に、当該収益および費用を当期の収益および費用として加算し、資産または負債として次期へ繰り越すことをいいます。

（1）未収収益の記帳方法（収益の見越し）

当期において受け取っていなくても、それが当期の収益として計上すべき金額であるならば、その収益a/cの貸方に記入すると同時に、**未収収益**a/c（資産のa/c）の借方に記入します。未収収益a/cは、その内容を明らかに示すために、**未収地代**a/c、**未収家賃**a/cおよび**未収利息**a/cなどを用います。

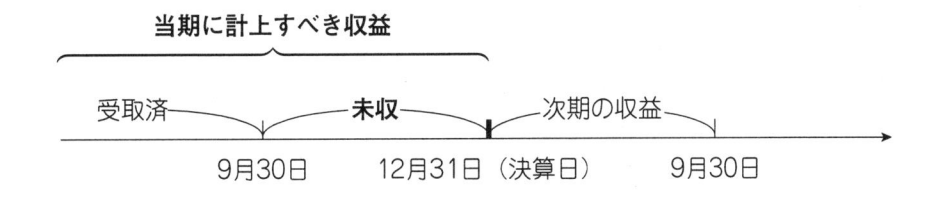

```
           当期に計上すべき収益
      ┌──────────────────┐
  受取済──────  未収 ──── 次期の収益 ────→
           9月30日  12月31日（決算日）  9月30日
```

利息の受け取りに関する例を用いると、仕訳は次の手順で行います。

決算整理仕訳（当期末）
　（借）未収利息　×××　　（貸）受取利息　×××
再振替仕訳（翌期首）
　（借）受取利息　×××　　（貸）未収利息　×××
受取時の仕訳
　（借）現　　金　×××　　（貸）受取利息　×××

設 例 8

次の資料によって仕訳を行い，元帳に転記し，締め切りなさい。

12月31日　10月1日に元本を2年後に回収し，利息は1年ごとに受け取るという契約で¥200,000を貸し付けていた。なお，利率は10%であり，本日決算につき当期分の未収額を計上した。

〃　　　収益のa/cを損益a/cに振り替えた。

1月1日　未収利息の再振替えを行った。

9月30日　1年分の利息¥20,000を現金で受け取った。

受 取 利 息

	9/30 現 金　15,000

（注）ここでは，9月30日時点で利息¥15,000の受け取りがあったと仮定しています。

正 解

12月31日（決算日）

借方科目	金　額	貸方科目	金　額
未 収 利 息	5,000	受 取 利 息	5,000

未収利息は，¥200,000×10%×3／12＝¥5,000と計算します。

12月31日（決算日）

借方科目	金　額	貸方科目	金　額
受 取 利 息	20,000	損　　　益	20,000

1月1日（翌期首）

借方科目	金　額	貸方科目	金　額
受 取 利 息	5,000	未 収 利 息	5,000

9月30日

借方科目	金　額	貸方科目	金　額
現　　　金	20,000	受 取 利 息	20,000

受 取 利 息

12/31	損	益	20,000	9/30	現	金	15,000
				12/31	未 収 利 息		5,000
			20,000				20,000
1/1	未 収 利 息		5,000	9/30	現	金	20,000

未 収 利 息

12/31	受 取 利 息	5,000	12/31	次 期 繰 越	5,000
1/1	前 期 繰 越	5,000	1/1	受 取 利 息	5,000

精算表の記入は，次のとおりです

精 算 表

勘定科目	残高試算表		整理記入		損益計算書		貸借対照表	
	借方	貸方	借方	貸方	借方	貸方	借方	貸方
受取利息		15,000		5,000		20,000		
未収利息			5,000				5,000	

　見越し計上した利息の受け取り分¥5,000を受取利息の行の整理記入欄の貸方に記入します。そして，未収利息の行を設けて，その行の整理記入欄の借方に¥5,000を記入します。これら整理の結果として，受取利息の行のP/L欄の貸方に¥20,000（¥15,000＋¥5,000）を記入し，未収利息の行のB/S欄の借方に¥5,000を記入します。

（2）未払費用の記帳方法（費用の見越し）

　当期において支払っていなくても，それが当期の費用として計上すべき金額であるならば，その費用a/cの借方に記入すると同時に，**未払費用** a/c（負債のa/c）の貸方に記入します。未払費用a/cは，その内容を明らかに示すために，**未払地代** a/c，**未払家賃** a/c，**未払給料** a/cおよび**未払利息** a/cなどを用います。

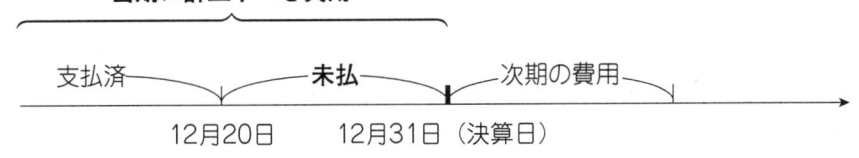

（注）この企業は，毎月20日に費用（給料）の支払いを行っていると仮定しています。したがって，決算時点で12月21日から12月31日までの11日間が未払となっています。

給料の支払いに関する例を用いると，仕訳は次の手順で行います。

決算整理仕訳（当期末）
（借）給　　料　×××　（貸）未払給料　×××
再振替仕訳（翌期首）
（借）未払給料　×××　（貸）給　　料　×××
支払時の仕訳
（借）給　　料　×××　（貸）現　　金　×××

設例 9

毎月20日に給料の支払いを行っている別府商会の次の資料によって仕訳を行い，元帳に転記し，締め切りなさい。

- 12月31日　本月分の給料の未払分￥30,000を計上した。
- 〃　　　　費用の a/c を損益 a/c に振り替えた。
- 1月1日　未払給料の再振替えを行った。
- 1月20日　1月分の給料￥100,000を現金で支払った。

給　　　料	
500,000	

（注）ここでは，これまでに￥500,000の給料の支払いが行われていると仮定しています。

正　解

12月31日（決算日）

借方科目	金　額	貸方科目	金　額
給　　　　料	30,000	未　払　給　料	30,000

12月31日（決算日）

借方科目	金　額	貸方科目	金　額
損　　　　益	530,000	給　　　　料	530,000

1月1日（翌期首）

借方科目	金　額	貸方科目	金　額
未　払　給　料	30,000	給　　　　料	30,000

1月20日

借方科目	金　額	貸方科目	金　額
給　　料	100,000	現　　金	100,000

給　料

		500,000	12／31	損　　　益	530,000
12／31	未　払　給　料	30,000			
		530,000			530,000
1／20	現　　金	100,000	1／1	未　払　給　料	30,000

未　払　給　料

12／31	次　期　繰　越	30,000	12／31	給　　料	30,000
1／1	給　　料	30,000	1／1	前　期　繰　越	30,000

精算表の記入は，次のとおりです。

精　算　表

勘定科目	残高試算表		整理記入		損益計算書		貸借対照表	
	借方	貸方	借方	貸方	借方	貸方	借方	貸方
給　　料	500,000		30,000		530,000			
未払給料				30,000				30,000

　見越し計上した給料の支払い分¥30,000を給料の行の整理記入欄の借方に記入します。そして，未払給料の行を設けて，その整理記入欄の貸方に¥30,000を記入します。これら整理の結果として，給料の行のP/L欄の借方に¥530,000（¥500,000＋¥30,000）を記入し，未払給料の行のB/S欄の貸方に¥30,000を記入します。

5.2　収益および費用の繰延べ

　繰延べとは，当期において収入および支出として記帳された収益および費用の中に，次期以降に受け取るべき，または支払うべき金額が含まれている場合に，当該収益および費用を当期の収益および費用から除外し，負債または資産として次期へ繰越すことをいいます。

（1）前受収益の記帳方法（収益の繰延べ）

　当期において，本来次期以降に受け取るべき収益を受け取ることがあります。その場合は，そのa/cの借方に記入すると同時に，**前受収益** a/c（負債a/c）の貸方に記入します。前受収益 a/cは，その内容を明らかに示すために，**前受地代** a/c，**前受家賃** a/c および**前**

受利息 a/c などを用います。

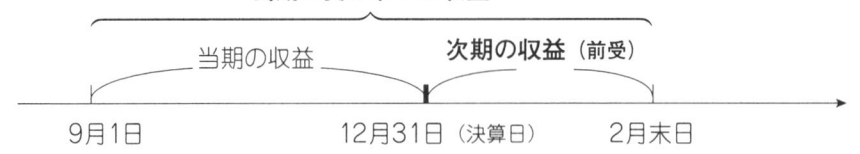

```
         当期に受け取った収益
    当期の収益        次期の収益（前受）
 ―――――――――――+―――――――+―――――→
 9月1日       12月31日（決算日）  2月末日
```

（注）この企業は，9月1日に6ヶ月分（次年度の2月末日まで）の収益を受け取ったと仮定しています。したがって，決算時点で1月分と2月分が前受けとなります。

地代の受け取りに関する例を用いると，仕訳は次の手順で行います。

地代受取時の仕訳
　（借）現　　金　×××　（貸）受取地代　×××
決算整理仕訳（決算日）
　（借）受取地代　×××　（貸）前受地代　×××
再振替仕訳（翌期首）
　（借）前受地代　×××　（貸）受取地代　×××

設　例10

次の資料によって仕訳を行い，元帳に転記し，締め切りなさい。
　9月1日　半年分の地代¥60,000を現金で受け取った。
　12月31日　地代の前受分を計上した。
　　〃　　　収益の a/c を損益 a/c に振り替えた。
　1月1日　前受地代の再振替えを行った。

正　解

9月1日

借方科目	金　額	貸方科目	金　額
現　　　金	60,000	受　取　地　代	60,000

12月31日（決算日）

借方科目	金　額	貸方科目	金　額
受　取　地　代	20,000	前　受　地　代	20,000

前受地代は，¥60,000×2／6＝¥20,000と計算します。

12月31日（決算日）

借方科目	金額	貸方科目	金額
受 取 地 代	40,000	損 益	40,000

1月1日（翌期首）

借方科目	金額	貸方科目	金額
前 受 地 代	20,000	受 取 地 代	20,000

受 取 地 代

12/31	前 受 地 代	20,000	9/1	現 金	60,000
〃	損 益	40,000			
		60,000			60,000
			1/1	前 受 地 代	20,000

前 受 地 代

12/31	次 期 繰 越	20,000	12/31	受 取 地 代	20,000
1/1	受 取 地 代	20,000	1/1	前 期 繰 越	20,000

精算表の記入は，次のとおりです。

精 算 表

勘定科目	残高試算表		整理記入		損益計算書		貸借対照表	
	借方	貸方	借方	貸方	借方	貸方	借方	貸方
受取地代		60,000	20,000			40,000		
前受地代				20,000				20,000

　繰延べ計上した地代の¥20,000を受取地代の行の整理記入欄の借方に記入します。そして，前受地代の行を設けて，その整理記入欄の貸方に¥20,000を記入します。これら整理の結果として，受取地代の行のP/L欄の貸方に¥40,000（¥60,000−¥20,000）を記入し，前受地代の行のB/S欄の貸方に¥20,000を記入します。

（2）前払費用の記帳方法（費用の繰延べ）

　当期において，本来次期以降に支払うべき費用を支払っていることがあります。その場合は，そのa/cの貸方に記入すると同時に，**前払費用** a/c（資産 a/c）の借方に記入します。前払費用 a/cは，その内容を明らかに示すために，**前払地代** a/c，**前払家賃** a/c および**前払利息** a/c などを用います。

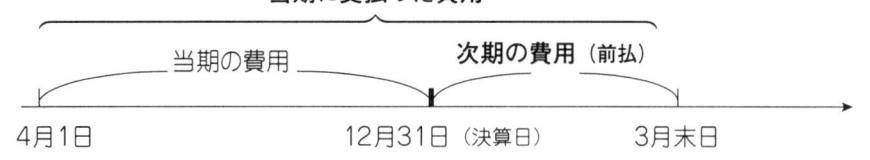

```
                当期に支払った費用
        ┌─────────────────────────┐
    当期の費用          次期の費用（前払）
  ┌──────────────┐  ┌──────────────┐
  4月1日        12月31日（決算日）   3月末日
```

（注）この企業は，4月1日に1年分（次年度の3月末日まで）の費用を支払ったと仮定しています。したがって，決算時点で1月から3月までの3ヶ月分が前払いとなります。

保険料の支払いに関する例を用いると，仕訳は次の手順で行います。

保険料支払時の仕訳
（借）支払保険料　×××　（貸）現　　　金　×××
決算整理仕訳（決算日）
（借）前払保険料　×××　（貸）支払保険料　×××
再振替仕訳（翌期首）
（借）支払保険料　×××　（貸）前払保険料　×××

設 例11

次の資料によって仕訳を行い，元帳に転記し，締め切りなさい。
- 4月1日　1年分の保険料¥24,000を現金で支払った。
- 12月31日　保険料の前払分を計上した。
- 〃　　費用のa/cを，損益a/cに振り替えた。
- 1月1日　前払保険料の再振替えを行った。

正 解

4月1日

借方科目	金　額	貸方科目	金　額
支 払 保 険 料	24,000	現　　　　　金	24,000

12月31日（決算日）

借方科目	金　額	貸方科目	金　額
前 払 保 険 料	6,000	支 払 保 険 料	6,000

前払保険料は，¥24,000×3／12＝¥6,000と計算します。

12月31日（決算日）

借方科目	金 額	貸方科目	金 額
損　　　益	18,000	支払保険料	18,000

1月1日（翌期首）

借方科目	金 額	貸方科目	金 額
支払保険料	6,000	前払保険料	6,000

支　払　保　険　料

4／1	現　　金	24,000	2／31	前払保険料	6,000
			〃	損　　益	18,000
		24,000			24,000
1／1	前払保険料	6,000			

前　払　保　険　料

12／31	支払保険料	6,000	12／31	次　期　繰　越	6,000
1／1	前　期　繰　越	6,000	1／1	支払保険料	6,000

精算表の記入は，次のとおりです。

精　算　表

勘定科目	残高試算表		整理記入		損益計算書		貸借対照表	
	借方	貸方	借方	貸方	借方	貸方	借方	貸方
支払保険料	24,000			6,000	18,000			
前払保険料			6,000				6,000	

　繰延べ計上した保険料の¥6,000を支払保険料の行の整理記入欄の貸方に記入します。そして，前払保険料の行を設けて，その整理記入欄の借方に¥6,000を記入します。これら整理の結果として，支払保険料の行のP/L欄の借方に¥18,000（¥24,000－¥6,000）を記入し，前払保険料の行のB/S欄の借方に¥6,000を記入します。

　保険料の支払いについては，別の会計処理があります。それは，保険料を支払った時点で，**前払保険料** a/c（資産 a/c）の借方に記入する方法です。そして，決算において，経過した分を支払保険料 a/c の借方に記入するとともに，前払保険料 a/c の貸方に記入します。次に，この方法について仕訳例と例題を示します。

保険料支払時の仕訳
（借）前払保険料　×××　（貸）現　　　金　×××
決算整理仕訳（決算日）
（借）支払保険料　×××　（貸）前払保険料　×××
再振替仕訳（翌期首）
（借）前払保険料　×××　（貸）支払保険料　×××

設例12

次の資料によって仕訳を行い，元帳に転記しなさい（締め切る必要はない）。ただし，保険料を支払った時点で，前払保険料 a/c に記入する方法によること。
　4月1日　1年分の保険料￥24,000を現金で支払った。
　12月31日　保険料の未経過分を繰延べた。

正解

4月1日

借方科目	金額	貸方科目	金額
前払保険料	24,000	現　金	24,000

12月31日（決算日）

借方科目	金額	貸方科目	金額
支払保険料	18,000	前払保険料	18,000

当期の保険料は，￥24,000×9／12＝￥18,000と計算します。

前払保険料

4／1	現　金	24,000	12／31	支払保険料	18,000
			〃	次期繰越	6,000

支払保険料

12／31	前払保険料	18,000	12／31	損　益	18,000

精算表の記入は，次のとおりです。

精　算　表

勘定科目	残高試算表		整理記入		損益計算書		貸借対照表	
	借方	貸方	借方	貸方	借方	貸方	借方	貸方
前払保険料	24,000			18,000			6,000	
支払保険料			18,000		18,000			

　保険料の未経過分を繰延べるために，前払保険の行の整理記入欄の貸方に￥18,000を記入し，支払保険料の行を設けて，その整理記入欄の借方に￥18,000を記入します。そして，前払保険料の行のB/S欄の借方に￥6,000（￥24,000－￥18,000）を記入し，支払保険料の行のP/L欄の借方に￥18,000を記入します。設例11と比較すると，B/Sに計上される前払保険料も，P/Lに計上される支払保険料も同額であることがわかります。

【減価償却費の計算についての留意事項】
　平成19年4月以降に取得した減価償却資産は，法人税法では次のように計算します。残存価格は，ゼロです。
（1）定額法　減価償却費＝取得原価×法定償却率
（2）定率法　減価償却費＝取得原価（未償却残高）×法定償却率（定額法の法定償却率×2.5）
　たとえば，車両運搬具（取得原価￥1,000,000　耐用年数5年）の場合の1年目の減価償却費は，次のように計算します。
（定額法）
　￥1,000,000×1年／5年（0.2）＝￥200,000
（定率法）
　￥1,000,000×（0.2×2.5）＝￥200,000

　検定試験では，問題に残存価額がゼロとあるのに，惰性で取得原価の10％で計算しないように，問題をよく読んで解答をしてください。

練習問題

問1 佐賀商店は，商品売買に係る取引を，仕入勘定，売上勘定および繰越商品勘定を用いて記帳し，さらに決算時に売上原価勘定を設けて売上原価を算定している。そこで，期首商品棚卸高が￥150,000，当期商品仕入高が￥2,500,000，期末商品棚卸高が￥200,000であったとき，売上原価算定に関連する決算仕訳を次の①から④の順に示しなさい。

① 期首商品棚卸高の振替
② 当期商品仕入高の振替
③ 期末商棚卸高の振替
④ 売上原価の損益勘定への振替

	借方科目	金　額	貸方科目	金　額
①				
②				
③				
④				

問2 当期中の受取利息に関連する諸勘定の記入は，以下のとおりであった。各勘定に記入された取引を推定し，（イ）～（ホ）には適切な勘定科目を，（a）～（d）には適切な金額を記入しなさい。会計期間は，1月1日から12月31日までの1年間とする。

```
            受取利息                              未収利息
12/31 損  益  10,000 │ 1/1  (イ)    (a)     12/31 (ハ)  2,110 │ 12/31 次期繰越 2,110
                     │ 6/3  現金    (b)
                     │ 12/31 (ロ)   (c)
              10,000 │       10,000

            前受利息                              損　益
1/1 (ニ) 1,230 │ 1/1 前期繰越 1,230              12/31 (ホ)  (d)
```

記号	勘定科目	記号	金　額
(イ)		(a)	
(ロ)		(b)	
(ハ)		(c)	
(ニ)		(d)	
(ホ)			

問3 次の勘定残高に基づき，下記事項を連続して仕訳しなさい。ただし，売上勘定残高は各自計算すること。

現　　　金	800	買　掛　金	2,200	仕　　　入	13,200
当 座 預 金	1,200	借　入　金	1,000	給　　　料	3,200
売　掛　金	2,500	減価償却累計額	400	雑　　　費	1,200
繰 越 商 品	3,000	資　本　金	10,000	支 払 利 息	300
備　　　品	2,800	売　　　上	?		

	仕　訳	
	借　方	貸　方
1．仕入勘定において売上原価を算出する。（期末商品棚卸高￥5,000）		
2．備品を定率法により10％償却する。		
3．給料未払額￥400を計上する。		
4．利息の前払額￥100を計上する。		
5．損益諸勘定を損益集合勘定へ振り替える。		
6．損益集合勘定残高を資本金勘定に振り替える。		

【問4】 次の取引につき**資産主義と費用主義**により期中取引および決算修正仕訳をしなさい。

5月1日　消耗品￥50,000を現金にて購入した。
12月31日　消耗品未使用高が￥20,000あった。

	日付	借方科目	金　額	貸方科目	金　額
資産主義	5／1				
	12／31				
費用主義	5／1				
	12／31				

【問5】 次の決算整理事項（一部）によって，精算表（一部）を作成しなさい（決算日12月31日）。

決算整理事項
（1）　期末商品棚卸高　￥8,000。なお，売上原価は売上原価の行で計算する。
（2）　売買目的有価証券を￥14,000に評価替えした。
（3）　消耗品未使用高は，￥2,000である。
（4）　前払保険料は，6月1日に1年分を支払ったものである。
（5）　備品は，定率法により償却する（償却率0.369）。

精　算　表

勘定科目	残高試算表 借方	残高試算表 貸方	整理記入 借方	整理記入 貸方	損益計算書 借方	損益計算書 貸方	貸借対照表 借方	貸借対照表 貸方
売買目的有価証券	16,000							
繰　越　商　品	10,000							
消　耗　品	8,000							
前　払　保険料	12,000							
備　　品	100,000							
減価償却累計額		0						
仕　　入	250,000							
売　上　原　価								
	×××	×××	×××	×××	×××	×××	×××	×××

問6 次の決算整理事項によって，精算表，貸借対照表および損益計算書を作成しなさい。

決算整理事項
（1）期末商品棚卸高　¥15,600（売上原価は仕入の行で計算）
（2）貸倒引当金　期末売掛金の5％（差額補充法）
（3）備品減価償却高　耐用年数4年　残存価額　取得原価の10％　定額法
（4）手数料未収高　¥340　　（5）利息前受高　¥30
（6）消耗品未使用高　¥500　　（7）保険料前払高　¥200
（8）家賃未払高　¥1,000

精　算　表

勘定科目	残高試算表 借方	残高試算表 貸方	整理記入 借方	整理記入 貸方	損益計算書 借方	損益計算書 貸方	貸借対照表 借方	貸借対照表 貸方
現　　　　金	1,260							
当 座 預 金	4,860							
売 　掛　 金	32,700							
貸 倒 引 当 金		260						
貸 　付　 金	3,500							
繰 越 商 品	18,400							
備　　　　品	6,000							
減価償却累計額		1,350						
支 払 手 形		19,000						
買 　掛　 金		11,450						
借 　入　 金		5,000						
資 　本　 金		35,000						
売　　　　上		296,000						
受 取 手 数 料		2,640						
受 取 利 息		180						
仕　　　　入	265,890							
給　　　　料	28,000							
消 耗 品 費	2,960							
支 払 保 険 料	600							
支 払 家 賃	6,000							
雑　　　　費	540							
支 払 利 息	170							
	370,880	370,880						

貸借対照表

資産	金額	負債および純資産	金額
現　　　　　金	(　　　　)	支　払　手　形	(　　　　)
当　座　預　金	(　　　　)	買　　掛　　金	(　　　　)
売　掛　金 (　　)		(　　　　　　)	(　　　　)
(　　　) (　　)	(　　　　)	(　　　　　　)	(　　　　)
商　　　　　品	(　　　　)	借　　入　　金	(　　　　)
(　　　　　)	(　　　　)	資　　本　　金	(　　　　)
貸　付　金	(　　　　)		
(　　　　　)	(　　　　)		
(　　　　　)	(　　　　)		
備　　品 (　　)			
(　　　) (　　)	(　　　　)		
(　　　　　)	(　　　　)		
	(　　　　)		(　　　　)

損益計算書

費用	金額	収益	金額
(　　　　　)	(　　　　)	売　　　　　上	(　　　　)
給　　　　　料	(　　　　)	受　取　手　数　料	(　　　　)
(　　　　　)	(　　　　)	受　取　利　息	(　　　　)
支　払　保　険　料	(　　　　)	(　　　　　　)	(　　　　)
支　払　家　賃	(　　　　)		
貸倒引当金繰入	(　　　　)		
(　　　　　)	(　　　　)		
雑　　　　　費	(　　　　)		
支　払　利　息	(　　　　)		
	(　　　　)		(　　　　)

第10章　伝票会計

> **学習のポイント**
>
> 　第10章では，三伝票制（入金伝票，出金伝票および振替伝票）について学習します。伝票は，証憑（納品書・見積書・送り状・請求書・契約書などの取引に関する重要な証拠書類です）などの基礎資料に基づいて取引の内容を記入します。伝票は，通常仕訳帳の代わりに用いられます。伝票には，①伝票記入の年月日，②伝票の種類別に伝票番号，③相手科目と金額，④取引の相手の氏名または商号，⑤摘要欄に売買した商品名・数量・単価・小切手番号・手形の種類および番号などを記入します。

1．入金伝票

　入金伝票は，他人から現金または他人振り出しの小切手を受け取った場合に使用します。この場合，借方が現金となり科目欄には相手勘定科目を記入します。入金伝票は，赤刷りです。

設 例 1

　次の取引を入金伝票に記入しなさい。
　平成○年10月6日　C商店へ甲商品200個を@¥100で現金売り上げした（伝票番号2）。

正 解

```
入 金 伝 票  No. 2
   平成〇年10月6日        承認印 主任印 会計印 係印

 科目  売  上   入金先  C商店          殿
       摘     要        金     額
 甲商品  200個  @¥100  売り上げ     2 0 0 0 0

         合     計            2 0 0 0 0
```

2．出金伝票

　出金伝票は，他人への現金の支払いの場合に使用します。この場合，貸方が現金となり科目欄には相手勘定科目を記入します。出金伝票は，青刷りです。

設 例 2

　次の取引を出金伝票に記入しなさい。
　平成〇年10月4日　A商店から甲商品（@¥80）200個を現金で仕入れた（伝票番号3）。

正 解

```
出 金 伝 票  No. 3
   平成〇年10月4日        承認印 主任印 会計印 係印

 科目  仕  入   出金先  A商店          殿
       摘     要        金     額
 甲商品  200個  @¥80  仕入れ       1 6 0 0 0

         合     計            1 6 0 0 0
```

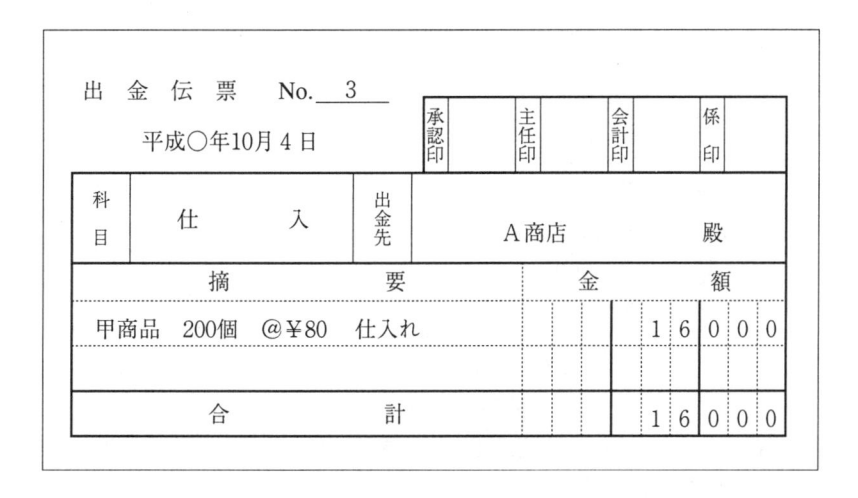

3．振替伝票

振替伝票は，現金以外の取引に使用します。振替伝票は，黒刷りです。

設例3

次の取引を振替伝票に記入しなさい。
平成○年10月8日　Z商店より備品￥150,000を月末払いで購入した（伝票番号8）。

正解

振替伝票　No. 8　平成○年10月8日						
金　額	借方科目	摘　要	貸方科目	金　額		
150,000	備品	Z商店より備品購入	未払金	150,000		
150,000		合　計		150,000		

日商簿記検定試験では，簡易伝票が出題されます。上記［例1］から［例3］の入金伝票，出金伝票および振替伝票を簡易伝票で表わすと次のようになります。

```
    入金伝票
  平成○年10月6日
  売　上　　20,000
```

```
    出金伝票
  平成○年10月4日
  仕　入　　16,000
```

```
         振替伝票
       平成○年10月8日
  備　品　150,000　未払金　150,000
```

振替取引には，現金の受払いをいっさいともなわない**全部振替取引**と取引の一部に現金の受払いをともなう**一部振替取引**があります。一部振替取引の伝票の記入については，次の2つの方法があります。

第1法では，掛仕入・掛売上と現金仕入・現金売上が同時にある場合，掛仕入・掛売上は振替伝票，現金仕入・現金売上は入出金伝票へ別々に処理します。売上金額と仕入金額は，振替伝票と入出金伝票の売上金額と仕入金額を合計して計算します。

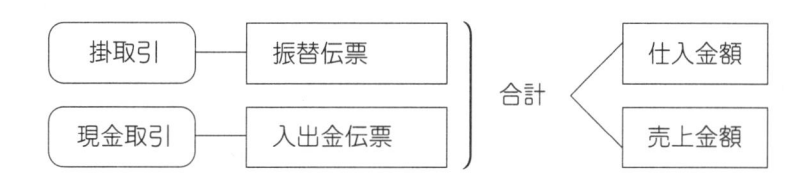

```
掛取引  ── 振替伝票  ┐         ┌ 仕入金額
                    │ 合計 ─┤
現金取引 ── 入出金伝票 ┘         └ 売上金額
```

第2法では，現金仕入も現金売上も一度掛取引として振替伝票に記入し，その後現金で支払いまたは回収したと仮定して，入出金伝票で処理します。

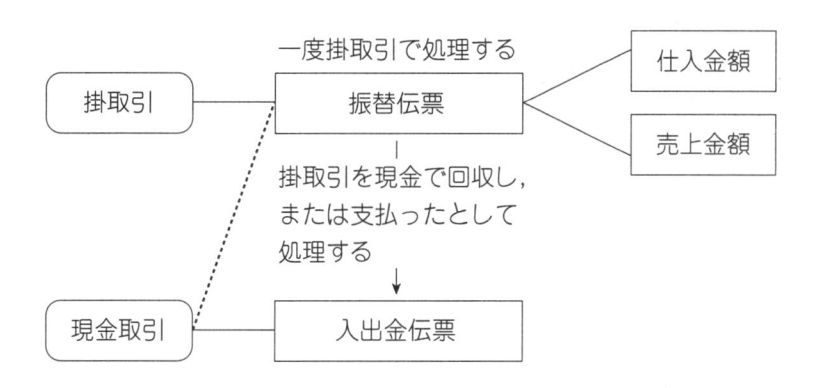

```
                一度掛取引で処理する
掛取引 ──── 振替伝票 ───┬── 仕入金額
                       └── 売上金額
                │
                掛取引を現金で回収し，
                または支払ったとして
                処理する
                ↓
現金取引 ──── 入出金伝票
```

設 例 4

次の取引を第1法と第2法で略式伝票に記入しなさい。
　5月20日　熊本商店から商品￥200,000を仕入れ，代金のうち￥50,000は現金で支払い，残額は掛とした。

正　解

第1法

```
       出金伝票
   平成○年5月20日
   仕　入      50,000
```

```
          振 替 伝 票
          平成○年5月20日
  仕    入   150,000    買 掛 金   150,000
```

第2法

```
      出金伝票
    平成○年5月20日
   買掛金    50,000
```

```
          振 替 伝 票
          平成○年5月20日
  仕    入   200,000    買 掛 金   200,000
```

設 例 5

次の取引を第1法と第2法で略式伝票に記入しなさい。
　5月30日　大分商店に商品￥200,000を売り上げ，代金のうち￥50,000は現金で受け取り，残額は掛とした。

正 解

第1法

```
     入金伝票
    平成○年5月30日
   売  上    50,000
```

```
          振 替 伝 票
          平成○年5月30日
  売  掛  金   150,000    売    上   150,000
```

第2法

```
        入金伝票
    平成○年5月30日
    売掛金      50,000
```

```
            振 替 伝 票
         平成○年5月30日
   売 掛 金  200,000   売    上  200,000
```

伝票は，取引を仕訳帳への記入の代わりに起票されますが，伝票の記載内容は仕訳帳に記入することが可能です。

設 例 6
次の略式伝票の記載内容を仕訳帳に記入しなさい。

```
    入金伝票                  出金伝票
 平成○年5月30日           平成○年5月30日
 売  上   200,000         仕  入    50,000
```

```
            振 替 伝 票
         平成○年5月30日
   仕    入  100,000   買 掛 金  100,000
```

正解

仕 訳 帳

日付		摘　　　　要	元丁	借　方	貸　方
5	30	(現　　　金)		200,000	
		(売　　　上)	省		200,000
		商品を現金で売上			
	〃	(仕　　　入)		50,000	
		(現　　　金)	略		50,000
		商品を現金で仕入			
		(仕　　　入)		100,000	
	〃	(買　掛　金)			100,000
		商品を掛で仕入			

　なお，入金伝票，出金伝票および振替伝票は，1日分を**日計表**(にっけいひょう)に集計し，それから総勘定元帳に転記することが合理的です。

練習問題

問1 次の取引を入金伝票・出金伝票・振替伝票に記入しなさい。

1. 平成○年3月5日　佐賀商店に対する買掛金￥80,000を現金で支払った（伝票番号15）。
2. 平成○年3月6日　葉隠商会より業務用のパソコン￥120,000を購入し，代金は月末払いとした（伝票番号8）。
3. 平成○年3月7日　全経銀行の普通預金から￥150,000を引き出した（伝票番号12）。

振替伝票　No._____
平成○年　月　日

金　額	借方科目	摘　要	貸方科目	金　額
		合　計		

入金伝票　No._____
平成○年　月　日

科目		入金先		殿

摘　要	金　額
合　計	

出金伝票　No._____
平成○年　月　日

科目		出金先		殿

摘　要	金　額
合　計	

問2 次の取引を入金伝票・出金伝票・振替伝票に記入しなさい。

1．平成○年9月5日　福岡商店に対する売掛金¥250,000について，同店振り出しの当店あての約束手形で受け取った（伝票番号8）。
2．平成○年9月6日　長崎商店に商品注文の内金¥95,000を現金で支払った（伝票番号8）。
3．平成○年9月7日　全経銀行から¥150,000を借り入れ，現金を受け取った（伝票番号12）。

第10章 伝票会計

問3 次の取引を入金伝票・出金伝票・振替伝票に記入しなさい。

1. 平成○年7月5日　葉隠商店よりパソコン¥250,000を買い入れ，代金は小切手を振り出して支払った（伝票番号8）。
2. 平成○年7月6日　唐津商店に¥200,000を貸し付け，借用証書と引き換えに現金を渡した（伝票番号8）。
3. 平成○年7月7日　大分商店に商品¥150,000を現金で売り渡した（伝票番号12）。

振替伝票 No._____
平成○年 月 日

金 額	借方科目	摘 要	貸方科目	金 額
	合　　　計			

入金伝票 No._____
平成○年 月 日

科目		入金先		殿
摘　　要			金　額	
合　　計				

出金伝票 No._____
平成○年 月 日

科目		出金先		殿
摘　　要			金　額	
合　　計				

問4 熊本商店から商品￥200,000を仕入れ，代金のうち￥50,000は現金で支払い，残額は掛とした取引について，出金伝票を（A）のように作成した場合と出金伝票を（B）のように作成した場合のそれぞれについて，振替伝票の記入を示しなさい。

（A）

出金伝票
仕　入　　　50,000

振　替　伝　票			
借方科目	金　額	貸方科目	金　額

（B）

出金伝票
買掛金　　　50,000

振　替　伝　票			
借方科目	金　額	貸方科目	金　額

問5 大分商店に商品￥200,000を売上げ，代金のうち￥50,000は現金で受け取り，残額は掛とした取引について，入金伝票を（A）のように作成した場合と入金伝票を（B）のように作成した場合のそれぞれについて，振替伝票の記入を示しなさい。

（A）

入金伝票
売　上　　　50,000

振　替　伝　票			
借方科目	金　額	貸方科目	金　額

(B)

```
    入金伝票
売掛金    50,000
```

振　替　伝　票			
借方科目	金　　額	貸方科目	金　　額

問6　次の略式伝票の記載内容を仕訳帳に記入しなさい。

```
    入金伝票              出金伝票
  平成○年5月30日        平成○年5月30日
売　上    200,000      仕　入    50,000
```

```
         振　替　伝　票
         平成○年5月30日
仕　　　入   100,000   買　掛　金   100,000
```

仕　訳　帳

日付	摘　　　　要	元丁	借　方	貸　方
		省		
		略		

索　引

<ア>

預り金 a/c ………………………………71
一部振替取引 ……………………………153
移動平均法 …………………………29, 30
受取手形 a/c ……………………………55
受取手形記入帳 …………………………61
受取手付金 a/c …………………………70
受取人 ……………………………………57
売上 a/c …………………………97, 111, 121
売上原価 …………………………96, 115
売上原価 a/c ……………………………121
売上債権 …………………………………99
売上総利益 ………………………………96
売掛金明細表 ……………………………88
営業外費用 ………………………………115
営業費 ……………………………………115

<カ>

買掛金 ……………………………………25
買掛金明細表 ……………………………88
貸倒損失 a/c ……………………………102
貸倒引当金 a/c …………………………101
貸倒引当金繰入 a/c ……………………99
貸倒引当金戻入 a/c ……………………99
貸倒れの見積り …………………………99
貸付金 a/c ………………………………68
借入金 a/c ………………………………68
仮受金 a/c ………………………………70
仮払金 a/c ………………………………70
為替手形 …………………………………57
簡易伝票 …………………………………152
勘定 ………………………………………10
勘定科目 …………………………………5
勘定口座 …………………………………5
間接法 ……………………………………124
期首資本 …………………………113, 114
期末資本 …………………………113, 114
繰越商品 a/c ……………………111, 121
繰延べ ……………………………………137
経営成績 …………………………………2

決算本手続き ……………………………2
決算予備手続き …………………………2
月次合計残高試算表 ……………………86
月次合計試算表 …………………………86
月次残高試算表 …………………………86
減価償却 …………………………………103
減価償却費 a/c …………………103, 125
減価償却累計額 ………………78, 124, 125
減価償却累計額 a/c ……………124, 125
原価法 ……………………………………127
現金過不足 a/c …………………41, 107
現金過不足の処理 ………………………106
現金出納帳 ………………………………40
源泉所得税預り金 a/c …………………71
合計残高試算表 ………………………8, 88
合計試算表 ……………………………8, 9, 86
小書き ……………………………………5
小切手 ……………………………39, 42
国税 ………………………………………80
小口現金 a/c ……………………………46
小口現金出納帳 …………………………47
固定資産税 ………………………80, 81
固定資産売却益 a/c ……………………78
固定資産売却損 a/c ……………………78
固定資産売却損益 a/c …………………79

<サ>

財政状態 …………………………………2
差額補充法 ………………………………99
先入先出法 ………………………………29
雑益 a/c …………………………41, 107
雑損 a/c …………………………41, 107
残存価額 …………………………………103
残高試算表 ……………………………8, 9
3分法 ……………………………………111
仕入 a/c …………………………97, 111, 121
仕入先（買掛金）元帳 …………………31
仕入帳 ……………………………………27
時価法 ……………………………………127
資産 ………………………………………3

資産主義	131	貸借対照表等式	14
試算表	2, 9	貸借平均の原理	4, 9
試算表等式	9	耐用年数	103
市場価格（時価）	127	立替金 a/c	71
支払手形 a/c	55	建物 a/c	76
支払手形記入帳	60	棚卸表	96, 121
支払手付金 a/c	70	単式簿記	2
支払保険料 a/c	141	地方税	80
資本	3	帳簿価額	78, 124, 127
資本金 a/c	80, 105	直接法	103
資本等式	14	通貨代用証券	39
資本の追加元入れ	114	通知預金	49
資本の引き出し	114	定額資金前渡制（インプレスト・システム）	46
車両運搬具	77	定額法	103
車両運搬具 a/c	77	定期預金	49
収益	4	定率法	103, 124
収益の繰延べ	137	手形貸付金 a/c	68
収益の見越し	133	手形借入金 a/c	68
従業員立替金 a/c	71	手形の裏書	59
出金伝票	151	手形の割引	60
出資（元入れ）	80	手形売却損 a/c	60
主要簿	2	当期純損失	13, 14, 15
純損失	113	当期純利益	13, 14, 15
純利益	113	当座 a/c	45
商品 a/c	111	当座借越 a/c	45
商品売買益 a/c	111	当座借越契約	45
商品売買損 a/c	111	当座取引契約	42
消耗品 a/c	129, 131	当座預金	42
消耗品費 a/c	129, 131	当座預金出納帳	44
所得税	80	統制 a/c	31, 33
仕訳帳	2, 4, 5	得意先（売掛金）元帳	33
仕訳の法則	4		
精算表（8欄）	108	**＜ナ＞**	
全部振替取引	153	名宛人	55, 57
総勘定元帳	2	日計表	156
租税公課	80	入金伝票	150
損益（集合） a/c	16		
損益 a/c	97	**＜ハ＞**	
損益計算書	2	売買目的有価証券 a/c	66, 127
損益計算書等式	14	8欄（桁）精算表	13
損益の見越し・繰延べ	132	販売費及び一般管理費	115
＜タ＞		引出金 a/c	80, 105
貸借記入	4	引出金の整理	105
貸借対照表	2	備品 a/c	77

費用	4	未収金 a/c	68
評価 a/c	101	未収収益 a/c	133
費用主義	129	未収地代 a/c	133
費用の繰り延べ	139	未収家賃 a/c	133
費用の見越し	135	未収利息 a/c	133
複式簿記	2	未払給料 a/c	135
複式簿記の自動検証能力	9	未払金 a/c	68
負債	3	未払地代 a/c	135
付随費用	76, 77, 79	未払費用 a/c	135
普通預金	49	未払家賃 a/c	135
振替伝票	152	未払利息 a/c	135
振出人	55, 57	無形固定資産	76
分記法	111	元帳	4
平均記入	4	元帳記入の法則	6
補助簿	2		

<マ>

前受金 a/c	69		
前受収益 a/c	137		
前受地代 a/c	137		
前受家賃 a/c	137		
前受利息 a/c	137		
前払金 a/c	69		
前払地代 a/c	139		
前払費用 a/c	139		
前払保険料 a/c	141		
前払家賃 a/c	139		
前払利息 a/c	139		

<ヤ>

約束手形	55
有価証券	66
有価証券売却益 a/c	67
有価証券売却損 a/c	67
有価証券評価益 a/c	127
有価証券評価損 a/c	127
有形固定資産	76
郵便為替証書	39
郵便貯金	49

<ラ>

6欄（桁）精算表	13

《著者紹介》

山下　壽文（やました・としふみ）
佐賀大学経済学部教授

著書　『簿記システム概論―伝統簿記とパソコン簿記―』（単著）中央経済社，1994年。
　　　『偶発事象会計の国際的調和化』（単著）同文舘，2000年。
　　　『偶発事象会計論』（単著）白桃書房，2002年。
　　　『BATIC・U.S.CPAのための英文会計入門』（単著）同文舘，2004年。
　　　『会計入門ゼミナール〔第2版〕』（編著）創成社，2007年。
　　　『偶発事象会計の展開』（編著）創成社，2007年。
　　　『企業会計の基礎』（共著）中央経済社，2009年。

日野　修造（ひの・しゅうぞう）
中村学園大学流通科学部教授

著書　『ガイダンス企業会計』（共著）五絃舎，2005年。
　　　『企業会計の測定と記帳』（共著）五絃舎，2007年。
　　　『企業会計の伝達と応用』（共著）五絃舎，2007年。
　　　『企業会計の基礎』（共著）中央経済社，2009年。

井上　善文（いのうえ・よしふみ）
九州共立大学経済学部専任講師

著書　『企業会計の国際的潮流』（共著）五絃舎，2003年。
　　　『会計入門ゼミナール〔第2版〕』（共著）創成社，2007年。
　　　『偶発事象会計の展開』（共著）創成社，2007年。

（検印省略）

2009年5月10日　初版発行
2012年4月20日　二刷発行
2015年4月20日　三刷発行　　　　　　　　略称：新簿記入門ゼミ

新簿記入門ゼミナール

著　者　山下壽文・日野修造・井上善文
発行者　塚田尚寛

発行所　東京都文京区春日2-13-1　株式会社　創成社
電　話　03（3868）3867　　FAX 03（5802）6802
出版部　03（3868）3857　　FAX 03（5802）6801
http://www.books-sosei.com　振替 00150-9-191261

定価はカバーに表示してあります。

©2009 Toshifumi Yamashita,
　　　Shuzo Hino, Yoshifumi Inoue
ISBN978-4-7944-1378-9 C3034
Printed in Japan

組版：トミ・アート　印刷：平河工業社
製本：宮製本所
落丁・乱丁本はお取り替えいたします。

― 簿記・会計学選書 ―

書名	著者	区分	価格
新簿記入門ゼミナール	山下壽文・日野修造 井上善文	著	1,900円
会計入門ゼミナール	山下 寿文	編著	2,900円
偶発事象会計の展開 ―引当金会計から非金融負債会計へ―	山下 寿文	編著	2,500円
ズバッと解決！日商簿記検定3級商業簿記テキスト ―これで理解ばっちり―	田邉 正 矢島 正	著	1,500円
厳選 簿記3級問題集＜徹底分析＞	くまたか 優	編著	1,200円
企業簿記ワークブック	森 久・﨑 章浩 長吉 眞一	著	1,200円
要説企業簿記	森 久・﨑 章浩 長吉 眞一	著	2,600円
簿記基本	寺坪 修・井手健二 小山 登	著	1,680円
日商簿記2級・3級の「仕訳の切り方」―商業簿記編―	小池 和彰	著	2,000円
アカウンティング・トピックス	小池 和彰	著	1,800円
入門商業簿記	片山 覚	監修	2,400円
中級商業簿記	片山 覚	監修	2,200円
入門簿記	倉茂・市村・臼田 布川・狩野	著	2,200円
要説簿記論	石崎・児島・市村 小畠・大橋・板東	著	2,800円
監査入門ゼミナール	長吉 眞一・異島須賀子	著	2,200円
管理会計入門ゼミナール	高梠 真一	編著	2,000円
アメリカ管理会計生成史 ―投資利益率に基づく経営管理の展開―	高梠 真一	著	3,500円
監査報告書の読み方	蟹江 章	著	1,800円
新版現代会計	木下 照嶽 小林麻理・中島照雄	編著	3,600円
明解簿記講義	塩原 一郎	編著	2,400円
明解会計学講義	塩原 一郎	編著	1,900円
明解簿記講義	塩原 一郎	編著	2,200円
明解会計学講義	塩原 一郎	編著	1,900円
企業会計の歴史的諸相 ―近代会計の萌芽から現代会計へ―	村田 直樹・春日部光紀	編著	2,300円
簿記の基礎問題集	村田 直樹	編著	1,000円
簿記会計の基礎	小川 洌・小澤康人	編著	2,700円
会計学の基礎	小川 洌・小澤康人	編著	3,000円
入門アカウンティング	鎌田 信夫	編著	3,200円
簿記システム基礎論	倍 和博	著	2,900円

（本体価格）

― 創成社 ―

新簿記入門ゼミナール 解答編

第1章 練習問題

問1

①	記 録	②	計 算	③	資 金	④	財政状態	⑤	経営成績
⑥	商業簿記	⑦	工業簿記	⑧	銀行簿記	⑨	単式簿記	⑩	複式簿記

⑥⑦⑧および⑨⑩は順不同。

問2

(2) → (3) → (5) → (1) → (4) → (7) → (6)

問3

(1)	×	(2)	○	(3)	○	(4)	○

問4

①	資 産	②	資 産	③	負 債	④	資 本
⑤	収 益	⑥	費 用				

問5

資産の勘定
(+) | (−)

残高があれば[借]方残高になる。

負債の勘定
(−) | (+)

残高があれば[貸]方残高になる。

資本の勘定
(−) | (+)

残高は一般に[貸]方残高になる。

収益の勘定
　　　| (+)

残高は[貸]方残高になる。

費用の勘定
(+) |

残高は[借]方残高になる。

問6

①	費 用	②	資 本	③	収 益	④	資 産
⑤	資 本	⑥	総 収 益	⑦	総 費 用		

問7

(1) ①費用　②借方　③収益　④貸方　　(2) ⑤試算表　⑥貸借平均

—1—

問8

残高試算表

資　産 ¥422,000	〔負　債〕 ¥172,000
	期首資本 ¥200,000
〔費　用〕 (¥846,000)	〔収　益〕 ¥896,000

P/L

〔純利益〕 (¥50,000)	〔収　益〕 (¥896,000)
〔費　用〕 (¥846,000)	

B/S

〔資　産〕 (¥422,000)	〔負　債〕 (¥172,000)
	期首資本 ¥200,000
	〔純利益〕 (¥50,000)

問9

精　算　表

勘定科目	残高試算表 借方	残高試算表 貸方	損益計算書 借方	損益計算書 貸方	貸借対照表 借方	貸借対照表 貸方
現　　　金	465,000				465,000	
資　本　金		100,000				100,000
受　取　報　酬		700,000		700,000		
給　　　料	250,000		250,000			
支　払　家　賃	50,000		50,000			
消　耗　品　費	15,000		15,000			
交　通　費	5,000		5,000			
通　信　費	10,000		10,000			
雑　　　費	5,000		5,000			
(当期純利益)			**365,000**			365,000
	800,000	800,000	700,000	700,000	465,000	465,000

損 益 計 算 書

費　　　用	金　　額	収　　　益	金　　額
給　　　　料	250,000	（受 取 報 酬）	700,000
支 払 家 賃	50,000		
（消 耗 品 費）	15,000		
交 　通 　費	5,000		
（通 　信 　費）	10,000		
雑　　　　費	5,000		
（当 期 純 利 益）	365,000		
	700,000		700,000

貸 借 対 照 表

資　　　産	金　　額	負債および純資産	金　　額
現　　　　金	465,000	資 　本 　金	100,000
		（当 期 純 利 益）	365,000
	465,000		465,000

問10

損　　　益　　　　　　　　　60

日付		摘　　要	仕丁	借　方	日付		摘　　要	仕丁	貸　方
12	31	給　　　　料	10	250,000	12	31	受 取 報 酬	10	700,000
	〃	支 払 家 賃	〃	50,000					
	〃	消 耗 品 費	〃	15,000					
	〃	交 　通 　費	〃	5,000					
	〃	通 　信 　費	〃	10,000					
	〃	雑　　　　費	〃	5,000					
	〃	資 　本 　金	〃	365,000					
				700,000					700,000

資　本　金　　　　　30

日付		摘　要	仕丁	借　方	日付		摘　要	仕丁	貸　方
12	31	次期繰越	✓	465,000	12	1	現　　　　金	10	100,000
						31	損　　　　益	〃	365,000
				465,000					465,000
					1	1	前期繰越		465,000

問11

	借方科目	金　額	貸方科目	金　額
(1)	損　　　　益	250,000	資　本　金	250,000
(2)	資　本　金	120,000	損　　　　益	120,000

――――― 第2章　練習問題 ―――――

問1

	借方科目	金　額	貸方科目	金　額
(1)	仕　　　　入	160,000	買　　掛　　金 現　　　　金	150,000 10,000
(2)	売　　掛　　金	260,000	売　　　　上 現　　　　金	250,000 10,000
(3)	売　　　　上 現　　　　金	10,000 170,000	売　　掛　　金	180,000
(4)	買　　掛　　金	30,000	仕　　　　入	30,000
(5)	現　　　　金 発　　送　　費	680,000 50,000	売　　　　上 売　　掛　　金 現　　　　金	560,000 120,000 50,000

問2

総　勘　定　元　帳
売　　掛　　金

10/1	前　期　繰　越	8,428,000	10/12	売　　　　　上	25,200
7	売　　　　　上	351,000	16	現　　　　　金	800,000

売 上 帳

平成○年		摘 要		内 訳	金 額
		前ページから			×××
10	7	佐賀商店	現金・掛		
		A品 50個	@¥6,300	315,000	
		B品 80個	@¥4,200	336,000	651,000
	12	佐賀商店	掛返品		
		A品 4個	@¥6,300		25,200

得意先（売掛金）元帳

佐 賀 商 店

平成○年		摘 要	借 方	貸 方	借/貸	残 高
10	1	前 期 繰 越	886,000		借	886,000
	7	売 上	351,000		〃	1,237,000
	12	返 品		25,200	〃	1,221,800

玄 海 商 店

平成○年		摘 要	借 方	貸 方	借/貸	残 高
10	1	前 期 繰 越	1,250,000		借	1,250,000
	16	回 収		800,000	〃	450,000

問3

総 勘 定 元 帳

買 掛 金

10/12	仕 入	20,700	10/1	前 期 繰 越	1,762,000
16	現 金	630,000	2	仕 入	732,500

仕 入 帳

平成○年		摘 要		内 訳	金 額
		前ページから			×××
10	2	唐津商店	掛		
		B品 250個	@¥1,320	330,000	
		C品 350個	@¥1,150	402,500	732,500
	12	唐津商店	掛返品		
		C品 18個	@¥1,150		20,700

仕入先（買掛金）元帳
唐津商店

平成○年		摘　要	借　方	貸　方	借/貸	残　高
10	1	前期繰越		386,000	貸	386,000
	2	仕　　入		732,500	〃	1,118,500
	12	返　　品	20,700		〃	1,097,800

佐賀商店

平成○年		摘　要	借　方	貸　方	借/貸	残　高
10	1	前期繰越		825,000	貸	825,000
	16	支　　払	630,000		〃	195,000

問4

商品有高帳
先入先出法　　　　B商品　　　　（単位：ダース）

平成○年		摘　要	受入高 数量	単価	金額	引渡高 数量	単価	金額	残　高 数量	単価	金額
11	1	前月繰越	10	200	2,000				10	200	2,000
	3	仕　入	30	240	7,200				{10	200	2,000
									30	240	7,200
	5	売　上				{10	200	2,000			
						10	240	2,400	20	240	4,800
	8	仕　入	10	200	2,000				{20	240	4,800
									10	200	2,000
	9	売　上				20	240	4,800	10	200	2,000
	30	次月繰越				10	200	2,000			
			50		11,200	50		11,200			
12	1	前月繰越	10	200	2,000				10	200	2,000

商品有高帳
B 商品

移動平均法　　　　　　　　　　　　　　　　　　　　　　　　（単位：ダース）

平成○年		摘要	受入高			引渡高			残高		
			数量	単価	金額	数量	単価	金額	数量	単価	金額
11	1	前月繰越	10	200	2,000				10	200	2,000
	3	仕入	30	240	7,200				40	230	9,200
	5	売上				20	230	4,600	20	230	4,600
	8	仕入	10	200	2,000				30	220	6,600
	9	売上				20	220	4,400	10	220	2,200
	30	次月繰越				10	220	2,200			
			50		11,200	50		11,200			
12	1	前月繰越	10	220	2,200				10	220	2,200

	売上高	売上原価	売上総利益
先入先出法	¥12,000	¥9,200	¥2,800
移動平均法	¥12,000	¥9,000	¥3,000

――――― 第3章　練習問題 ―――――

問1

	借方科目	金額	貸方科目	金額
(1)	仕入	250,000	当座預金 買掛金	200,000 50,000
(2)	現金	150,000	売掛金	150,000
(3)	定期預金	707,000	普通預金 受取利息	700,000 7,000
(4)	現金 売掛金 発送費	150,000 450,000 25,000	売上 現金	600,000 25,000
(5)	買掛金	450,000	当座預金 当座借越	300,000 150,000
(6)	現金	10,000	現金過不足	10,000
(7)	現金過不足	10,000	現金	10,000
(8)	普通預金	350,000	売掛金	350,000
(9)	通信費 交通費	2,000 3,000	現金過不足	5,000
(10)	通信費 交通費 消耗品費	2,000 3,800 4,500	当座預金	10,300

[問2]

現　金　出　納　帳

平成○年		摘　　　　要	収　入	支　出	残　高
1	1	前月繰越	3,362,000		3,362,000
	5	郡山商店へ買掛金支払い		350,000	3,012,000
	7	全九州銀行から現金引き出し	1,720,000		4,732,000
	12	札幌不動産へ来月分家賃支払い		152,000	4,580,000
	17	従業員へ給料支払い		1,324,600	3,255,400
	22	沖縄商店へ商品売上げ	463,050		3,718,450
	31	バス回数券購入		3,000	3,715,450
	〃	**次月繰越**		**3,715,450**	
			5,545,050	5,545,050	
2	1	前月繰越	3,715,450		3,715,450

[問3]

小　口　現　金　出　納　帳

収　入	平成○年		摘　　要	支　払	内　訳			
					通信費	交通費	消耗品費	雑　費
50,000	1	20	前　週　繰　越					
		〃	郵便切手・はがき	6,800	6,800			
		21	タ ク シ ー 代	4,820		4,820		
		22	封 筒 ・ 伝 票 代	6,720			6,720	
		23	お茶・コーヒー代	6,090				6,090
		24	電 車 ・ バ ス 代	3,920		3,920		
			合　　　　　計	28,350	6,800	8,740	6,720	6,090
28,350		24	本 日 補 給 高					
		〃	**次　週　繰　越**	**50,000**				
78,350				78,350				
50,000	1	27	前　週　繰　越					

[問4]

① 200,000　　② 80,000　　③ 6,000　　④ 210,000
⑤ 160,000　　⑥ 165,000

問5

当 座 預 金

10/	1	前月繰越	500,000	10/	(4)	(現　　　金)	(100,000)
	(24)	(受取手形)	(450,000)		(9)	(仕　　　入)	(300,000)
					(15)	(買　掛　金)	(100,000)
					(26)	(支払手形)	(200,000)
					(29)	(広告宣伝費)	(80,000)

当 座 借 越

10/	(19)	(売　　　上)	(250,000)	10/	(15)	(買　掛　金)	(300,000)
	(24)	(受取手形)	(50,000)				

10月末の当座預金勘定残高　¥　170,000

第4章　練習問題

問1

	借方科目	金　額	貸方科目	金　額
(1)	現　　　　金 売　掛　　金 発　送　　費	500,000 300,000 50,000	売　　　　上 現　　　　金	800,000 50,000
(2)	仕　　　　入	530,000	支 払 手 形 当 座 預 金 現　　　　金	400,000 100,000 30,000
(3)	買　掛　　金	500,000	売　掛　　金	500,000
(4)	受 取 手 形	450,000	売　掛　　金	450,000
(5)	買　掛　　金	350,000	支 払 手 形	350,000
(6)	仕　　　　入	650,000	受 取 手 形 買　掛　　金	400,000 250,000
(7)	当 座 預 金 手 形 売 却 損	445,000 5,000	受 取 手 形	450,000
(8)	受 取 手 形	400,000	売　掛　　金	400,000

問2

当 座 預 金 出 納 帳　　　1

平成○年		摘　　　要	預　入	引　出	借/貸	残　高
10	1	前月繰越	290,000		借	290,000
	20	約束手形の割り引き	245,000		〃	535,000

得意先（売掛金）元帳
博多商店

平成○年		摘要	借方	貸方	借/貸	残高
10	1	前月繰越	400,000		借	400,000
	12	回収		250,000	〃	150,000

受取手形記入帳

平成○年		手形種類	手形番号	摘要	支払人	振出人裏書人	振出日		満期日		支払場所	手形金額	てん末	
													日付	摘要
10	12	約手	10	売掛金	博多商店	博多商店	10	12	11	12	全九州銀行	250,000	10 20	割引
	25	為手	10	売上	八代商店	熊本商店	10	25	11	25	全九州銀行	350,000		

問3

当座預金出納帳　　　　　　　　　　1

平成○年		摘要	預入	引出	借/貸	残高
10	1	前月繰越	290,000		借	290,000
	15	約束手形の決済		120,000	〃	170,000

仕入先（買掛金）元帳
島原商店

平成○年		摘要	借方	貸方	借/貸	残高
10	1	前月繰越		400,000	貸	400,000
	12	支払	250,000		〃	150,000

支払手形記入帳

平成○年		手形種類	手形番号	摘要	受取人	振出人	振出日		満期日		支払場所	手形金額	てん末	
													日付	摘要
9	15	約手	9	仕入	福岡商店	当店	9	15	10	15	全九州銀行	120,000	10 15	決済
10	12	約手	10	買掛金	島原商店	当店	10	12	11	12	全九州銀行	250,000		
	25	為手	8	仕入	大隈商店	対馬商店	10	25	11	25	全九州銀行	350,000		

第5章 練習問題

問1

	借方科目	金 額	貸方科目	金 額
(1)	売買目的有価証券	760,000	現　　　　金	760,000
(2)	現　　　　金	400,000	売買目的有価証券 有価証券売却益	380,000 20,000
(3)	売買目的有価証券	950,000	当 座 預 金	950,000
(4)	未 収 金	980,000	売買目的有価証券 有価証券売却益	950,000 30,000
(5)	当 座 預 金 有価証券売却損	1,900,000 80,000	売買目的有価証券	1,980,000
(6)	貸 付 金	1,500,000	当 座 預 金 受 取 利 息	1,425,000 75,000
(7)	現　　　　金 支 払 利 息	2,375,000 125,000	手 形 借 入 金	2,500,000
(8)	仕　　　　入	600,000	前 払 金 売 掛 金	120,000 480,000
(9)	現　　　　金	150,000	前 受 金	150,000
(10)	前 払 金	50,000	現　　　　金	50,000
(11)	前 受 金 受 取 手 形	160,000 640,000	売　　　　上	800,000
(12)	仮 払 金	40,000	現　　　　金	40,000
(13)	普 通 預 金	100,000	仮 受 金	100,000
(14)	旅　　　　費 現　　　　金	38,500 1,500	仮 払 金	40,000
(15)	仮 受 金	370,000	前 受 金 売 掛 金	120,000 250,000
(16)	給　　　　料	850,000	源泉所得税預り金 従業員立替金 現　　　　金	92,000 30,000 728,000
(17)	源泉所得税預り金	92,000	現　　　　金	92,000

問2

① 貸 付 金　② 現　　　金　③ 前 払 金
④ 現　　　金　⑤ 有価証券売却益　⑥ 現　　　金

第6章 練習問題

問1

	借方科目	金額	貸方科目	金額
(1)	備　　　　　品	230,000	未　払　金	230,000
(2)	土　　　　　地	15,900,000	当　座　預　金	15,900,000
(3)	建　　　　　物	5,300,000	当　座　預　金 現　　　　　金	5,000,000 300,000
(4)	減価償却累計額 未　収　金	26,000 5,000	備　　　　　品 固定資産売却益	30,000 1,000
(5)	通　信　費	13,000	現　　　　　金	13,000
(6)	固　定　資　産　税 引　出　金	80,000 40,000	現　　　　　金	120,000
(7)	引　出　金 水　道　光　熱　費	6,000 12,000	普　通　預　金	18,000
(8)	広　告　費	500,000	未　払　金	500,000
(9)	引　出　金	275,000	現　　　　　金	275,000
(10)	引　出　金	50,000	仕　　　　　入	50,000

問2

① 通　信　費　② 当　座　預　金　③ 車両運搬具
④ 未　払　金　⑤ 車両運搬具　⑥ 現　　　金
⑦ 受取手数料

第7章 練習問題

問1

月次合計試算表

勘定科目	(Ⅰ)23日までの取引高 借方	(Ⅰ)23日までの取引高 貸方	(Ⅱ)24日から31日までの取引高 借方	(Ⅱ)24日から31日までの取引高 貸方	(Ⅲ)合計試算表 借方	(Ⅲ)合計試算表 貸方
現　　　　金	1,489,500	517,400	775,000	153,500	2,264,500	670,900
当 座 預 金	4,892,000	1,996,500	609,000	816,000	5,501,000	2,812,500
売 　掛　 金	4,126,000	2,429,000	1,344,000	439,400	5,470,000	2,868,400
貸 　付　 金	900,000			600,000	900,000	600,000
繰 越 商 品	786,000				786,000	
備　　　　品	620,000				620,000	
買 　掛　 金	929,000	3,993,400	436,000	987,000	1,365,000	4,980,400
資 　本　 金		4,010,000	80,000		80,000	4,010,000
売　　　　上		5,396,700	44,400	1,344,000	44,400	6,740,700
受 取 利 息		6,400		9,000		15,400
仕　　　　入	4,462,000	75,000	987,000		5,449,000	75,000
営 　業　 費	219,900		73,500		293,400	
	18,424,400	18,424,400	4,348,900	4,348,900	22,773,300	22,773,300

問2

合計残高試算表
平成〇年10月31日

残高	合計	勘定科目	合計	残高
960	1,290	現　　　　金	330	
5,820	11,940	当 座 預 金	6,120	
2,060	6,660	受 取 手 形	4,600	
3,170	6,930	売　 掛　 金	3,760	
1,800	1,800	繰 越 商 品		
2,360	2,360	備　　　　品		
5,400	5,400	建　　　　物		
	3,000	支 払 手 形	6,140	3,140
	2,560	買　 掛　 金	4,350	1,790
		資 　本　 金	12,000	12,000
	30	売　　　　上	13,860	13,830
		受 取 利 息	360	360
8,130	8,130	仕　　　　入		
1,100	1,100	給　　　　料		
146	146	消 耗 品 費		
76	76	交 　通　 費		
98	98	手 形 売 却 損		
31,120	51,520		51,520	31,120

<table>
<tr><th colspan="3">売 掛 金 明 細 表</th><th colspan="3">買 掛 金 明 細 表</th></tr>
<tr><td></td><td>12月27日</td><td>12月31日</td><td></td><td>12月27日</td><td>12月31日</td></tr>
<tr><td>札幌商店</td><td>¥ 1,400</td><td>¥ 1,450</td><td>金沢商店</td><td>¥ 460</td><td>¥ 690</td></tr>
<tr><td>仙台商店</td><td>1,800</td><td>1,060</td><td>名古屋商店</td><td>800</td><td>500</td></tr>
<tr><td>秋田商店</td><td>940</td><td>660</td><td>大阪商店</td><td>1,200</td><td>600</td></tr>
<tr><td></td><td>¥ 4,140</td><td>¥ 3,170</td><td></td><td>¥ 2,460</td><td>¥ 1,790</td></tr>
</table>

問3

合 計 残 高 試 算 表

残 高	合 計	勘定科目	合 計	残 高
71,000	473,000	現　　　　　金	402,000	
385,000	1,150,000	当 座 預 金	765,000	
140,000	1,080,000	受 取 手 形	940,000	
362,000	895,000	売 　　掛 　　金	533,000	
550,000	550,000	繰 越 商 品		
100,000	100,00	備　　　　　品		
	750,000	支 払 手 形	840,000	90,000
	390,000	買 　　掛 　　金	765,000	375,000
		資 　　本 　　金	1,000,000	1,000,000
	33,000	売 　　　　　上	1,051,000	1,018,000
685,000	745,000	仕 　　　　　入	60,000	
110,000	110,000	給　　　　　料		
50,000	50,000	支 払 家 賃		
30,000	30,000	雑　　　　　費		
2,483,000	6,356,000		6,356,000	2,483,000

<table>
<tr><th colspan="3">売 掛 金 明 細 表</th><th colspan="3">買 掛 金 明 細 表</th></tr>
<tr><td></td><td>10月25日</td><td>10月31日</td><td></td><td>10月25日</td><td>10月31日</td></tr>
<tr><td>東京商店</td><td>¥ 100,000</td><td>¥ 47,000</td><td>関西商店</td><td>¥ 180,000</td><td>¥ 115,000</td></tr>
<tr><td>信越商店</td><td>210,000</td><td>160,000</td><td>四国商店</td><td>100,000</td><td>190,000</td></tr>
<tr><td>北陸商店</td><td>55,000</td><td>155,000</td><td>九州商店</td><td>90,000</td><td>70,000</td></tr>
<tr><td></td><td>¥ 365,000</td><td>¥ 362,000</td><td></td><td>¥ 370,000</td><td>¥ 375,000</td></tr>
</table>

第8章 練習問題

問1

精 算 表

勘定科目	残高試算表 借方	残高試算表 貸方	整理記入 借方	整理記入 貸方	損益計算書 借方	損益計算書 貸方	貸借対照表 借方	貸借対照表 貸方
現　　　　金	579,300			12,000			567,300	
当 座 預 金	1,346,700						1,346,700	
売　掛　金	2,850,000						2,850,000	
貸 倒 引 当 金		32,500		24,500				57,000
繰 越 商 品	992,400		887,500	992,400			887,500	
貸　付　金	1,200,000			300,000			900,000	
備　　　　品	1,155,000			247,500			907,500	
買　掛　金		2,460,000						2,460,000
預　り　金		129,000						129,000
仮　受　金		400,000	400,000					
資　本　金		4,361,100	720,000					3,641,100
引　出　金	720,000			720,000				
売　　　　上		28,983,000				28,983,000		
受 取 手 数 料		187,500				187,500		
受 取 利 息		16,800				16,800		
仕　　　　入	21,288,000		992,400	887,500	21,392,900			
給　　　　料	2,398,500				2,398,500			
広　告　費	840,000				840,000			
通　信　費	496,400				496,400			
交　通　費	383,200		12,000		395,200			
支 払 家 賃	1,200,000				1,200,000			
租 税 公 課	396,500				396,500			
消 耗 品 費	278,300				278,300			
雑　　　　費	445,600				445,600			
	36,569,900	36,569,900						
（前 受 金）				100,000				100,000
貸倒引当金繰入			24,500		24,500			
（減価償却費）			247,500		247,500			
当期純（利益）					1,071,900			1,071,900
			3,283,900	3,283,900	29,187,300	29,187,300	7,459,000	7,459,000

問2

貸借対照表

東海商店　　　　　　　　　平成○年12月31日

資産	金額	負債および純資産	金額
現　　　　　　金	725,800	支　払　手　形	1,800,000
普　通　預　金	1,248,500	買　　掛　　金	3,118,000
当　座　預　金	1,379,400	借　　入　　金	750,000
売掛金 (5,248,000)		資　　本　　金	5,831,500
貸倒引当金 (104,960)	5,143,040	(当 期 純 利 益)	1,953,640
商　　　　　　品	1,696,400		
貸　　付　　金	1,600,000		
前　　払　　金	120,000		
(備　　　　　品)	1,540,000		
	13,453,140		13,453,140

損益計算書

東海商店　　　　　　　　　平成○年1月1日から平成○年12月31日まで

費用	金額	収益	金額
売　上　原　価	27,188,900	売　　　　　上	37,997,000
給　　　　　料	4,967,500	(受 取 手 数 料)	127,200
通　　信　　費	334,400	(受 取 利 息)	36,000
貸 倒 引 当 金 繰 入	37,760		
(減 価 償 却 費)	315,000		
交　　通　　費	472,000		
支　払　家　賃	1,800,000		
租　税　公　課	319,900		
消　耗　品　費	325,800		
雑　　　　　費	424,300		
(支 払 利 息)	21,000		
(当 期 純 利 益)	1,953,640		
	38,160,200		38,160,200

問3

①	804	②	876	③	2,021	④	10,325
⑤	1,682	⑥	974	⑦	2,126	⑧	525

【問4】

期首資本	4,178,000	期末資産	13,541,000
売上原価	13,853,000	当期純利益	1,367,000

【問5】

① 320,000　② 70,000　③ 850,000　④ 350,000　⑤ 230,000　⑥ 180,000

【問6】

	借方科目	金額	貸方科目	金額
(1)	貸倒引当金 貸倒損失	100,000 50,000	売掛金	150,000
(2)	貸倒引当金	150,000	売掛金	150,000

【問7】

① 12,000　② 買掛金　③ 800　④ 繰越商品　⑤ 9,700
⑥ 13,500　⑦ 400　⑧ 損益　⑨ 20,600　⑩ 9,000

第9章　練習問題

【問1】

	借方科目	金額	貸方科目	金額
①	売上原価	150,000	繰越商品	150,000
②	売上原価	2,500,000	仕入	2,500,000
③	繰越商品	200,000	売上原価	200,000
④	損益	2,450,000	売上原価	2,450,000

【問2】

記号	勘定科目	記号	金額
(イ)	前受利息	(a)	1,230
(ロ)	未収利息	(b)	6,660
(ハ)	受取利息	(c)	2,110
(ニ)	受取利息	(d)	10,000
(ホ)	受取利息		

問3

	仕　　　　　　訳			
	借　方		貸　方	
1	仕　　　　　入 繰　越　商　品	3,000 5,000	繰　越　商　品 仕　　　　　入	3,000 5,000
2	減　価　償　却　費	240	減価償却累計額	240
3	給　　　　　料	400	未　払　給　料	400
4	前　払　利　息	100	支　払　利　息	100
5	売　　　　　上 損　　　　　益	14,600 16,440	損　　　　　益 仕　　　　　入 給　　　　　料 減　価　償　却　費 雑　　　　　費 支　払　利　息	14,600 11,200 3,600 240 1,200 200
6	損　　　　　益	1,840	資　　本　　金	1,840

問4

	日付	借方科目	金　額	貸方科目	金　額
資産主義	5／1	消　耗　品	50,000	現　　　　金	50,000
	12/31	消　耗　品　費	30,000	消　耗　品	30,000
費用主義	5／1	消　耗　品　費	50,000	現　　　　金	50,000
	12/31	消　耗　品	20,000	消　耗　品　費	20,000

問5

精　算　表

勘定科目	残高試算表 借方	残高試算表 貸方	整理記入 借方	整理記入 貸方	損益計算書 借方	損益計算書 貸方	貸借対照表 借方	貸借対照表 貸方
売買目的有価証券	16,000			2,000			14,000	
繰　越　商　品	10,000		8,000	10,000			8,000	
消　耗　品	8,000			6,000			2,000	
前　払　保　険　料	12,000			7,000			5,000	
備　　　品	100,000						100,000	
減価償却累計額		0		36,900				36,900
仕　　　入	250,000			250,000				
売　上　原　価			10,000 250,000	8,000	252,000			
有価証券評価損			2,000		2,000			
消　耗　品　費			6,000		6,000			
減　価　償　却　費			36,900		36,900			
支　払　保　険　料			7,000		7,000			
	×××	×××	×××	×××	×××	×××	×××	×××

問6

精 算 表

勘定科目	残高試算表 借方	残高試算表 貸方	整理記入 借方	整理記入 貸方	損益計算書 借方	損益計算書 貸方	貸借対照表 借方	貸借対照表 貸方
現　　　　　金	1,260						1,260	
当 座 預 金	4,860						4,860	
売　掛　金	32,700						32,700	
貸 倒 引 当 金		260		1,375				1,635
貸　付　金	3,500						3,500	
繰 越 商 品	18,400		15,600	18,400			15,600	
備　　　　品	6,000						6,000	
減価償却累計額		1,350		1,350				2,700
支 払 手 形		19,000						19,000
買　掛　金		11,450						11,450
借　入　金		5,000						5,000
資　本　金		35,000						35,000
売　　　　上		296,000				296,000		
受 取 手 数 料		2,640		340		2,980		
受 取 利 息		180	30			150		
仕　　　　入	265,890		18,400	15,600	268,690			
給　　　　料	28,000				28,000			
消 耗 品 費	2,960			500	2,460			
支 払 保 険 料	600			200	400			
支 払 家 賃	6,000		1,000		7,000			
雑　　　　費	540				540			
支 払 利 息	170				170			
貸倒引当金繰入			1,375		1,375			
減 価 償 却 費			1,350		1,350			
未 収 手 数 料			340				340	
前 受 利 息				30				30
消　耗　品			500				500	
前 払 保 険 料			200				200	
未 払 家 賃				1,000				1,000
当 期 純 損 失						10,855	10,855	
	370,880	370,880	38,795	38,795	309,985	309,985	75,815	75,815

貸借対照表

資産	金額	負債および資本	金額
現　　　　　金	(1,260)	支　払　手　形	(19,000)
当　座　預　金	(4,860)	買　　掛　　金	(11,450)
売　掛　金 (32,700)		（ 前　受　利　息 ）	(30)
（貸倒引当金）(1,635)	(31,065)	（ 未　払　家　賃 ）	(1,000)
商　　　　　品	(15,600)	借　　入　　金	(5,000)
（ 消 耗 品 ）	(500)	資　　本　　金	(35,000)
貸　付　金	(3,500)		
（前払保険料）	(200)		
（未収手数料）	(340)		
備　　　　品 (6,000)			
（減価償却累計額）(2,700)	(3,300)		
（ 当 期 純 損 失 ）	(10,855)		
	(71,480)		(71,480)

損益計算書

費用	金額	収益	金額
（ 売 上 原 価 ）	(268,690)	売　　　　　　上	(296,000)
給　　　　　料	(28,000)	受　取　手　数　料	(2,980)
（ 消 耗 品 費 ）	(2,460)	受　取　利　息	(150)
支　払　保　険　料	(400)	（ 当 期 純 損 失 ）	(**10,855**)
支　払　家　賃	(7,000)		
貸 倒 引 当 金 繰 入	(1,375)		
（ 減 価 償 却 費 ）	(1,350)		
雑　　　　　費	(540)		
支　払　利　息	(170)		
	(309,985)		(309,985)

第10章 練習問題

問1

振替伝票 No. 8
平成○年3月8日

金額	借方科目	摘要	貸方科目	金額
120,000	備品	葉隠商会よりパソコン購入	未払金	120,000
120,000		合計		120,000

入金伝票 No. 12
平成○年3月7日

科目	普通預金	入金先	全経銀行 殿

摘要	金額
全経銀行の普通預金より引き出し	150,000
合計	150,000

出金伝票 No. 15
平成○年3月5日

科目	買掛金	出金先	佐賀商店 殿

摘要	金額
佐賀商店へ買掛金の支払い	80,000
合計	80,000

問2

振替伝票 No. 8
平成○年9月5日

金額	借方科目	摘要	貸方科目	金額
250,000	受取手形	福岡商店より掛け代金約手にて回収	売掛金	250,000
250,000		合計		250,000

入金伝票 No. 12
平成○年9月7日

科目: 借入金
入金先: 全経銀行 殿

摘要	金額
全経銀行より借り入れ	150,000
合計	150,000

出金伝票 No. 8
平成○年9月6日

科目: 前払金
出金先: 長崎商店 殿

摘要	金額
長崎商店へ商品注文の内金支払い	95,000
合計	95,000

問3

振替伝票 No. 8
平成○年7月5日

金額	借方科目	摘要	貸方科目	金額
250000	備品	葉隠商会よりパソコンを購入し小切手振出し	当座預金	250000
250000		合計		250000

入金伝票 No. 12
平成○年7月7日

科目	売上	入金先	大分商店 殿

摘要	金額
大分商店へ商品売上げ	150000
合計	150000

出金伝票 No. 8
平成○年7月6日

科目	貸付金	出金先	唐津商店 殿

摘要	金額
唐津商店へ貸付け	200000
合計	200000

問4

(A)

振　替　伝　票				
借　方　科　目	金　　額	貸　方　科　目	金　　額
仕　　　　入	150,000	買　掛　金	150,000

(B)

振　替　伝　票				
借　方　科　目	金　　額	貸　方　科　目	金　　額
仕　　　　入	200,000	買　掛　金	200,000

問5

(A)

振　替　伝　票				
借　方　科　目	金　　額	貸　方　科　目	金　　額
売　掛　金	150,000	売　　　上	150,000

(B)

振　替　伝　票				
借　方　科　目	金　　額	貸　方　科　目	金　　額
売　掛　金	200,000	売　　　上	200,000

問6

仕　訳　帳

日付		摘　　　　要	元丁	借　方	貸　方
5	30	（現　金）		200,000	
		（売　上）	省		200,000
	〃	（仕　入）		50,000	
		（現　金）	略		50,000
	〃	（仕　入）		100,000	
		（買掛金）			100,000

— 24 —